ANDRÉ JACQUEMONT

Avocat à la Cour de Paris

ESCROCS

et

DEMI=ESCROCS

Étude pratique

de l'Escroquerie et du Dol

PARIS

PIERRE ROGER & Cie, ÉDITEURS

54, Rue Jacob

Escrocs et Demi-escrocs

ANDRÉ JACQUEMONT

AVOCAT A LA COUR DE PARIS

ESCROCS

ET

DEMI=ESCROCS

Étude Pratique
de l'Escroquerie et du Dol

PARIS

PIERRE ROGER ET Cie, ÉDITEURS

54, RUE JACOB, 54

AVANT-PROPOS

Ce livre n'a pas la prétention d'ajouter aux traités de droit pénal que connaissent les jurisconsultes. Il n'a même pas l'ambition de résumer les savants commentaires de M. Garçon et de M. le conseiller Le Poittevin sur l'article 405 du Code pénal. Il s'adresse au public, sollicité et dupé par les manœuvres frauduleuses, qu'elles aillent jusqu'à l'escroquerie ou qu'elles ne soient que des demi-escroqueries.

La tromperie est devenue le métier de beaucoup de gens pour qui « les affaires, c'est l'argent des autres ». L'ardent désir de gagner de l'argent et le plus vite possible, et d'acquérir en quelques années ce que représentait autrefois toute une vie d'homme laborieux, peut pousser à de véritables brigandages. Le moraliste s'en est ému ; l'économiste a enregistré le fait ; les victimes ont réclamé de nouvelles lois.

Des événements politiques ont amené le Parlement

à voter toute une législation sur les fraudes dans la
vente des marchandises. Il n'a pas touché aux textes
du Code pénal et du Code civil édictés contre l'escroquerie et le dol. On aurait tort de le regretter.
Ces textes sont assez souples pour prévenir et réprimer les actes des fripons.

Mais les ressources qu'ils offrent, leur autorité,
leurs effets sont peu connus du public. Le but de
ce livre est d'indiquer à ceux qui ont été dépouillés,
comment et dans quelles circonstances ils pourront
demander aux Tribunaux de poursuivre les auteurs
des actes dommageables et de les condamner à
réparer le préjudice qu'ils ont causé.

Les magistrats connaissent l'inquiétante situation
créée par les professionnels de la tromperie. Ils
voudraient y remédier. Encore faut-il, pour qu'ils
puissent appliquer la loi, que les demandes qui leur
sont soumises soient adaptées aux textes.

*
* *

Il y a mille manières de s'enrichir aux dépens
d'autrui.

L'escroquerie est la tromperie la plus grave et
que la loi réprime le plus sévèrement. Puis, il y a
les fraudes dans la fondation et le fonctionnement
des sociétés par actions, les fraudes dans la vente

des marchandises et qui comprennent le mensonge s'exerçant sur la composition des produits et sur leur origine; d'autres fraudes encore (lois sur les fraudes dans les vins et autres boissons, sur les fraudes en matière artistique, — 9 février 1895, — sur la vente des sérums thérapeutiques, etc.). Ces tromperies relèvent de la juridiction répressive : ce sont des délits.

Mais il y a des tromperies qui ne sont visées que par les lois civiles. Ce sont tous les actes frauduleux que le Code civil désigne sous le nom de *dol*. Mensonges et manœuvres auxquels il ne manquerait que peu de chose pour devenir une escroquerie, souvent aussi escroquerie qui sait se dissimuler ou qui s'efface dans la brume de la prescription, le dol reste pour les juges une escroquerie incomplète, atténuée, une demi-escroquerie. En réalité, le demi-escroc évite le Tribunal correctionnel, parce qu'il n'a pas été assez loin dans l'art de tromper ses semblables ou parce qu'il a été assez malin pour se tenir en marge du Code pénal.

Il fait dans les affaires, autant de victimes que l'escroc.

Une étude *pratique* de l'escroquerie et du dol ne pouvait pas être un traité complet de la duperie et du mensonge dans tous les actes juridiques. Mais le lecteur trouvera ici des éléments d'appréciation et

de comparaison qui pourront lui servir dans le
affaires où il sera mêlé. Et j'ai pensé que la meilleur
façon de faire œuvre utile était d'exposer les prin
cipes juridiques, en les illustrant d'exemples don
quelques-uns sont restés célèbres.

Escrocs

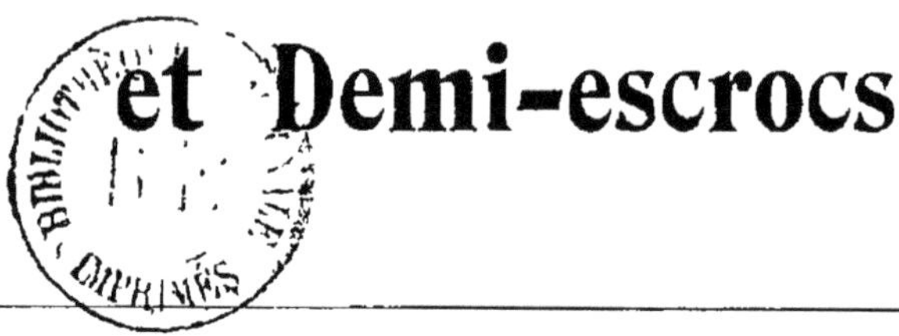 et Demi-escrocs

PREMIÈRE PARTIE

L'ESCROQUERIE

CHAPITRE PREMIER

DÉFINITION DE L'ESCROQUERIE. SES ÉLÉMENTS

Qu'est-ce qu'un escroc? C'est l'individu qui « soit en faisant usage de faux noms ou de fausses qualités, soit en employant des manœuvres frauduleuses pour persuader l'existence de fausses entreprises, d'un pouvoir ou d'un crédit imaginaire, ou pour faire naître l'espérance ou la crainte d'un succès, d'un accident ou de tout autre événement chimérique, se sera fait remettre ou délivrer des fonds, des meubles ou des obligations, dispositions, billets, promesses, quittances ou décharges » (art. 405).

Voilà la définition donnée par le Code pénal. Définition compliquée et inutile, semble-t-il, car en langage courant, quiconque a causé un préjudice par des tromperies graves est un escroc. Escroc, le vendeur qui a trompé l'acquéreur : escroc, l'employé qui a abusé de la confiance de son patron ; escroc, le notaire qui part avec l'argent de ses clients ; escroc, le banquier qui entraîne ses clients dans sa ruine.

On confond ainsi le délit d'escroquerie avec le délit d'abus de confiance et avec le vol. Aucun mot ne désignant l'individu coupable d'abus de confiance, on dit : c'est un escroc. Ainsi on abandonne la précision qui est rigoureusement nécessaire quand il s'agit de reconnaître la culpabilité et de distinguer les délits.

Le vol, l'escroquerie et l'abus de confiance sont trois délits. Voler, c'est prendre la chose d'autrui ; mais la prendre sans le consentement du propriétaire. Commettre un abus de confiance, c'est s'approprier ce qui vous a été confié. Escroquer, c'est obtenir la remise de la totalité ou d'une partie de la fortune d'autrui au moyen d'actes frauduleux.

Dans le vol, il y a soustraction sans le consentement de la victime, et de même dans l'abus de confiance, mais avec cette circonstance que la chose soustraite avait été placée en dépôt, et dans l'escroquerie, c'est le propriétaire qui remet volontairement son bien. La différence entre ces trois délits a été résumée ainsi dans un arrêt de la Cour de cassation : le vol, d'après l'article 379 du Code pénal, consiste *à soustraire* ; l'escroquerie, d'après l'article 405, *à se faire remettre ;* l'abus de confiance, d'après l'article 408, *à détourner ou à dissiper* (Cass.

2 mai 1835). La Cour de Paris a réformé un jugement du tribunal correctionnel en appliquant ces principes à un fait très simple, mais dont la qualification juridique était délicate. M... avait remis à J... sa montre pour l'attacher à une chaîne, mais J... dès qu'il fut entré en possession de la montre, refusa de la rendre et s'enfuit. « Le fait ainsi caractérisé constitue non le délit de vol, comme l'ont dit à tort les premiers juges, mais celui d'abus de confiance » (Paris, 28 fév. 1912).

En effet, il n'y avait pas eu soustraction de l'objet puisque son propriétaire l'avait remis volontairement. Il n'y avait pas eu non plus escroquerie, le prévenu n'ayant usé d'aucune manœuvre pour se faire remettre la montre.

L'escroquerie serait donc une certaine tromperie qui a pour but de s'approprier le bien d'autrui. Mais quelle tromperie? Vendre du vin de Saumur sous le nom de Champagne est une tromperie, ce n'est pas une escroquerie. Il y a toujours un mensonge dans l'acte de l'escroc, mais le menteur n'est pas toujours un escroc. Étant entendu qu'il ne peut s'agir que d'actes *commis de mauvaise foi, dans une intention frauduleuse*, c'est l'article 405 qu'il faut interroger pour qualifier exactement les faits reprochés à l'auteur de la tromperie. Or, le texte prévoit deux ordres de faits :

1° L'escroquerie pour usage de faux noms ou de fausses qualités;

2° L'escroquerie par manœuvres frauduleuses employées pour arriver à l'un des résultats indiqués par la loi.

Escroquerie par l'emploi d'un faux nom ou d'une fausse qualité.

L'emploi d'un faux nom ou d'une fausse qualité suffit à constituer le délit, s'il a été la *cause déterminante* de la remise des fonds ou des objets escroqués.

Le *faux nom* peut être celui d'une personne déterminée ou un nom supposé. La seule addition d'une particule suffirait pour constituer l'usage d'un faux nom (Dict. des Parquets, v° *Escroquerie*, n° 3).

La *fausse qualité* est un des moyens que les escrocs prennent volontiers. Elle leur sert à s'introduire auprès de leurs futures victimes, à entrer en pourparlers. Elle ressemble ainsi souvent à une manœuvre frauduleuse, s'ajoute à d'autres, mais il est certain que *prendre une fausse qualité pour se faire remettre tout ou partie de la fortune d'autrui suffit à constituer l'escroquerie.*

Prendre une fausse qualité, c'est prendre un titre que l'on n'a pas, s'attribuer une mission ou une fonction dont on n'est pas investi. Tel est le fait de prendre un titre de noblesse ou la décoration d'un ordre français ou étranger (Cass. crim. 31 juil. 1884, *Bull. crim.* n° 252); de se dire agent de police, officier, ingénieur diplomé de telle École, docteur en médecine. Il en est de même lorsqu'un agent révoqué s'attribue la qualité qu'il a perdue par suite de sa révocation (Cass. 9 sept. 1869, S. 70, 1, 181, D. 70, 1, 144).

Dans la plupart des cas, l'escroc a intérêt à se faire passer pour commerçant, c'est-à-dire pour une personne ayant un établissement et par conséquent du crédit.

Prendre faussement la qualité de banquier (Cass. 30 oct. 1903, *Journ. des Parquets*, 1904, 2, 118), de commerçant (Cass. 25 juin 1898, *Bull. crim.* n° 233), de représentant de commerce, de directeur d'une maison d'exportation (Cass. 17 déc. 1904, *Bull. crim.* n° 540), de régisseur (Cass. 10 mai 1912, *Gaz. Trib.*, 21 mai), c'est tomber sous le coup de l'article 405.

A notre époque où l'assurance prend une place de plus en plus grande, signalons aussi comme élément constitutif de l'escroquerie, le fait de prendre indûment la qualité d'inspecteur d'une compagnie d'assurance (Cass. crim. 7 août 1903, *Bull. crim.* n° 293).

Mais la Cour de cassation décide que le fait de se dire faussement propriétaire de la chose dont on veut obtenir la remise (exemple : se dire propriétaire d'obligations. Cass. req. 13 déc. 1912, *Gaz. Trib.*, 22 déc.) ne constitue pas l'usurpation d'une fausse qualité au sens de l'article 405.

De même, s'attribuer une capacité civile, se dire majeur quand on est encore en état de minorité, fille ou veuve quand on est mariée, ce ne serait pas s'attribuer une fausse qualité.

Escroquerie au moyen de manœuvres frauduleuses.

S'il n'y a ni usage de faux nom, ni usage de fausse qualité, il faut qu'il y ait eu emploi de *manœuvres frauduleuses*. Les allégations mensongères sont un des éléments du délit. Mais le mensonge seul ne fait pas l'escroquerie. Les allégations mensongères ne doivent pas être simplement énoncées, formulées. Il faut qu'elles soient présentées avec certains gestes, dans un décor. Il faut une mise en scène. La loi réprime le mensonge extériorisé, le mensonge aggravé par la façon dont il se dissimule et se travestit pour inspirer confiance. *La manœuvre, c'est l'acte qui donne à la fraude un caractère tangible et la revêt en quelque sorte d'une forme matérielle* (Le Poittevin).

L'acte visible, qui accompagne le mensonge, consistera souvent dans l'*intervention d'un tiers*. Mais il n'est pas nécessaire que cette personne ait connu l'intention mauvaise de l'escroc. Ce n'est pas sa complicité ou sa complaisance qui appuie le mensonge, c'est sa présence, son rôle même inconscient. Lorsque, pour inspirer confiance, le prévenu d'escroquerie aura eu recours à l'intervention d'un tiers, il n'importe au point de vue de la constitution du délit, que la personne ainsi mise en avant, n'ait fourni qu'une coopération inconsciente, cette circonstance n'étant à considérer qu'en ce qui touche la responsabilité pénale (Cass. crim. 10 janv. 1913, *Gaz. Trib.*, 19 janv.)

On dit : les « manœuvres frauduleuses », parce qu'elles sont destinées à accompagner la fraude, la revêtir, la travestir.

Mais le texte du Code pénal, s'il précise peu la nature de ces manœuvres, indique nettement leur objet. Pour qu'elles soient punissables, il faut qu'elles aient pour objet, soit de *persuader l'existence de fausses entreprises, ou d'un pouvoir ou d'un crédit imaginaires,* soit de *faire naître l'espérance ou la crainte d'un succès, d'un accident ou de tout autre événement chimérique.*

Entreprise est ici synonyme d'affaire, quelle qu'en soit

la nature. Il y a fausse entreprise, non seulement quand celle-ci est de tout point chimérique, mais encore lorsque, ayant un fond certain, elle présente, dans quelques parties, des circonstances entièrement fausses.

Exemple : le fait par des individus d'envoyer des en-têtes de lettres mensongers, établis pour faire croire à la réalité d'un commerce important, pour inspirer confiance aux négociants auxquels ils s'adressent, et obtenir d'eux à crédit des marchandises qu'ils savent ne pouvoir payer et qu'ils revendent ensuite à vil prix (Cass. 5 juin 1908, *Journ. des Parquets*, 1908, 2, 97).

Souvent, pour persuader l'existence de fausses entreprises, l'escroc prendra un faux nom et une fausse qualité et de plus emploiera des manœuvres frauduleuses. La Cour de cassation a statué le 13 août 1908 sur une escroquerie ainsi caractérisée :

Un certain Lagorio, sorti de prison le 5 septembre 1907, se rendit chez son père, qui exerce à Marseille, 16, rue de Sébastopol, la profession de représentant et commissionnaire en blé et farine, et profitant de ce séjour, il fit fabriquer des lettres à en-tête imprimé portant en mentions : « Expédition de farines et fournitures générales pour l'exploitation : M. Lagorio, 16, rue Sébastopol, Marseille, commissions, consignations. » Par toutes ces mentions, et surtout par la simple initiale M., qui n'est pas celle de son prénom usuel, il cherchait à créer une confusion entre sa personne et celle de son père, commerçant honorable. Le 4 novembre 1907, dans une lettre de commande adressée à Leparoux, Lagorio a écrit, pour perpétuer l'équivoque, que sa maison était connue de tout le commerce de la ville de Marseille « depuis

quatre-vingts ans de père en fils ». Des renseignements ayant été demandés sur l'auteur de la commande,
l'agence chargée de les fournir, trompée par les indications figurant aux en-têtes de lettres, les donna sur Lagorio père, ce qui a déterminé Legaroux à livrer des marchandises. Le prévenu prétendant qu'il avait seulement
affirmé mensongèrement sa solvabilité, la Cour lui répondit que ce mensonge s'était combiné avec des actes
extérieurs et matériels qui constituent des manœuvres.

La seconde catégorie de manœuvres comprend celles
qui ont pour but de *persuader l'existence d'un pouvoir
ou d'un crédit. imaginaire*. Cette expression embrasse
toutes les manœuvres de nature à faire croire à une autorité, à une puissance, à une position sociale, à une fortune que l'escroc ne possède pas; manœuvres par lesquelles un individu persuade qu'il peut faire obtenir les
faveurs d'une autorité quelconque (judiciaire, adminis-
trative, militaire, etc...) et même d'un simple particulier; pratiques superstitieuses par lesquelles on promet
l'intervention d'un pouvoir surnaturel.

La troisième catégorie comprend les manœuvres de
nature à faire *naître l'espérance ou la crainte d'un
succès, d'un accident, ou de tout autre événement chimérique*. Cette formule embrasse toutes les manœuvres
pouvant donner à la personne sur laquelle elles sont pratiquées l'illusion d'un événement futur, heureux ou malheureux, mais purement illusoire.

Telles sont les manœuvres ayant pour but de faire
croire à un créancier qu'il sera payé, à un débiteur qu'il

sera libéré, à un acquéreur qu'*il réalisera des profits importants sur la chose achetée* : telles sont les tricheries au jeu, l'espérance d'une guérison, etc.

Donner l'illusion d'un gain ou de tout autre avantage est le mode le plus fréquent des escroqueries, c'est l'appât qui attire le public dans les opérations financières frauduleuses.

Pour l'application de la loi, il n'y a pas à rechercher si l'événement promis est susceptible de s'accomplir. Il suffit que la victime de la fraude l'ait en vain attendu. Du moment qu'il y a fraude, l'événement est chimérique s'il ne s'est pas encore produit, qu'il soit imaginaire, ou que l'escroc n'ait pas voulu qu'il se produise, ou qu'il existe, mais dans des conditions différentes de celles qui ont été annoncées (Faustin-Hélie, Blanche, Fuzier-Hermann).

Il n'est pas impossible que la science arrive à fabriquer du diamant, mais l'escroc Lemoine avec sa formule et ses ridicules procédés, ne pouvait pas en produire.

Le *caractère illicite de l'objet du contrat* pourrait-il modifier la culpabilité de celui qui a extorqué ou tenté d'extorquer?

La Cour de cassation, dans un arrêt récent (17 fév. 1913, *Gaz. Trib.*, 11 mars) a appliqué l'article 405 à un individu qui vendait à des femmes des drogues pour les rendre stériles. Or la marchandise qu'il livrait ne pouvait pas produire le résultat promis, et une cliente se plaignit d'avoir été escroquée. Malgré le caractère illicite du contrat passé entre le propagateur des doctrines néo-malthusiennes et ses peu intéressantes victimes, les éléments de l'escroquerie subsistent.

Il en serait de même des promesses faites par un preneur de paris aux courses qui prétendrait avoir un moyen certain de faire gagner ses clients, et par l'intervention d'un tiers ou une mise en scène leur donnerait cette illusion.

On sait que *l'immoralité du but visé* ne change pas la nature du délit. Chercher à obtenir un non-lieu, une exemption de service militaire, une adjudication de travaux, n'empêche pas qu'on soit fondé à se plaindre d'une escroquerie si la personne qui a offert ses services et se les a fait payer a, par l'emploi d'une fausse qualité ou au moyen de manœuvres frauduleuses, donné l'espérance d'un succès qu'elle n'avait aucun moyen de faire obtenir.

Les manœuvres frauduleuses ne constituent l'escroquerie que si elles ont été la *cause déterminante* de la remise des valeurs ou autres biens appartenant à la personne visée par le fripon.

Exemple : Pour vendre une maison de rapport, le propriétaire s'entend avec un compère qui signe des baux de longue durée et dont le prix est très élevé. Mais l'acquéreur n'est pas poussé à traiter par l'espérance d'un revenu important. Il sait ou croit savoir que le quartier va prendre une plus-value considérable par suite d'expropriation. Il aurait acheté même si les baux produits par le vendeur eussent été moins avantageux. Les manœuvres frauduleuses n'ont donc pas entraîné son consentement. Il n'est pas victime d'une escroquerie.

Il n'est pas nécessaire, pour que le délit existe, qu'il y ait eut de la part de l'escroc une *demande directe* et *personnelle de fonds* : il suffit que les fonds ou valeurs aient été obtenus à l'aide d'un des moyens visés par la loi. Ainsi, commet l'escroquerie, celui qui, s'étant fait délivrer, à l'aide de manœuvres frauduleuses, pour deux chevaux d'origine incertaine élevés par lui, des cartes d'origine qui attribuaient faussement à ces chevaux la qualité de chevaux anglo-arabes, s'est fait remettre, par la Société d'encouragement pour l'amélioration des races de chevaux en France, des prix gagnés par ces deux chevaux dans des courses où réglementairement ils ne devaient point être admis (Cass. crim. 4 mars 1909, D. 1911, 5, 11).

L'escroquerie sera appréciée objectivement.

La jurisprudence ancienne exigeait des manœuvres de nature à compromettre la prudence et la *sagacité ordinaire* (Cass. 13 mars 1806), la prudence qui dirige les *opérations ordinaires du commerce* (Cass. 23 avril 1807), des manœuvres ourdies avec un art propre à tromper même de *bons esprits* (Cass. 24 avril 1807), des faits capables de déconcerter les mesures de *prévoyance* et de *sûreté* qui *doivent* accompagner toutes les transactions civiles ou commerciales (Cass. 28 mai 1808), en un mot, des manœuvres de *nature à tromper la prévoyance du commun des hommes* (Cass. 7 mars 1817). Mais la loi n'a pas donné un critérium, une commune mesure, et ce ne serait ni juridique ni raisonnable de calculer l'effet des manœuvres de l'escroc d'après un type conventionnel de victime.

Ce qu'il faut examiner, ce n'est pas si les faits étaient

de nature à tromper la prudence ordinaire des hommes
en général, puisque cette prudence a des degrés suivant
la position de chacun; il faut voir si la victime de la
fraude n'a pas été téméraire ou imprévoyante et si les
faits pouvaient égarer la prudence dont celui qui se
plaint devait être doué d'après son éducation et sa position sociale.

Tentative d'escroquerie. Absence de préjudice.

La *tentative* d'escroquerie est un délit, et elle est punissable comme l'escroquerie consommée.

L'escroquerie est constituée par l'emploi d'un faux
nom ou d'une fausse qualité ou par la mise en œuvre
de manœuvres frauduleuses, à condition que l'un de ces
moyens ait été destiné à se faire remettre tout ou partie
de la fortune d'autrui. C'est le texte même du Code pénal,
mais il n'est pas nécessaire que les moyens frauduleux
aient abouti à ce résultat. La tentative d'escroquerie est
punie comme l'escroquerie achevée. M. Lemoine, le
faux fabricant de diamants, par ses supercheries et ses
mensonges, avait obtenu de M. Julius Wernher un
traité par lequel celui-ci s'engageait à lui verser une
importante somme d'argent. Si Wernher, au lieu de verser l'argent au cours des expériences, en avait attendu le
résultat, l'escroc aurait manqué son but. Il n'en aurait
pas été moins coupable puisqu'il aurait tenté par ses
expériences truquées, d'escroquer la somme d'argent
prévue au contrat.

Commet une tentative d'escroquerie le coulissier qui,
chargé par un client de faire acheter pour son compte à

la Bourse et par ministère d'agent de change des valeurs cotées, transmet un bordereau émanant de sa
maison de courtage et énonçant un prix d'achat supérieur à celui par lequel ces valeurs auraient été réellement achetées, ainsi qu'un courtage proportionnel, alors
surtout que la forme extérieure de ces bordereaux et les
mentions qu'ils contenaient pouvaient faire croire qu'ils
étaient sinon le bordereau authentique de l'agent de
change, du moins sa reproduction sincère, et que, par
lettre séparée, ce coulissier confirmait les opérations
portées sur les bordereaux envoyés, indiquant que
ceux-ci n'étaient que le relevé de celui de l'agent de
change, dont il certifiait la sincérité après vérification.
Sur réclamation de son client, soutenant que les cours
portés au bordereau n'avaient pas été cotés en Bourse,
il lui remboursa une certaine somme, prétendant faussement que l'erreur provenait de l'agent de change et non
pas de lui.

En vain, ce coulissier pour échapper à l'application de
l'art. 405 du Code pénal exciperait de sa bonne foi, prétendant qu'il n'a fait que se conformer à l'usage de la
place; une telle *tentative* d'escroquerie ne saurait disparaître par le fait, de la part du coulissier, d'offrir à son
client, après citation en police correctionnelle, la restitution totale des sommes portées en trop sur ses bordereaux (Caen, 6 déc. 1907, *Rec. de Caen*, 1907, p. 185).

Pour qu'il y ait escroquerie, *il n'est pas nécessaire que
l'acte frauduleux ait causé un préjudice*. La loi pénale
punit l'escroquerie qui n'a manqué son effet que par une
circonstance indépendante de la volonté de son auteur.

Elle n'exige pas que le patrimoine de la personne visée par l'escroc ait été atteint ou diminué. Notons ce caractère qui, au premier abord, peut surprendre, mais qui est nettement marqué par la jurisprudence. S'il n'y a eu que tentative, il est clair qu'aucun dommage n'aura été causé, mais même si l'escroquerie est achevée, il arrive qu'elle n'a causé aucun dommage.

Exemple : Les actions d'une société ont été achetées à la suite de manœuvres frauduleuses, mais elles sont vendues par l'acquéreur sans perte, avant la catastrophe. On va plus loin. Le tribunal correctionnel de la Seine a jugé que l'article 405 du code pénal n'exige pas comme condition de son application que la somme retirée représente un bénéfice ni même que cette somme ait tourné au profit de l'auteur du délit. L'infraction existe alors même que la marchandise aurait été vendue à un prix équivalent à sa valeur, si l'acceptation de l'offre par l'acheteur, au lieu d'être librement consentie, a été déterminée par des manœuvres frauduleuses pratiquées à son égard (Seine, 6 avril 1911, *Gaz. Trib.*, 14 octobre 1911).

L'article 405 est formel, il suffit que le prévenu se soit, par les moyens qui y sont précisés, fait remettre ou ait tenté de se faire remettre ou délivrer des fonds, des meubles, etc... Il n'est pas nécessaire que la somme escroquée représente un bénéfice, ni même qu'elle ait profité à l'auteur du délit. Il suffit que l'acceptation par l'acheteur de l'offre qui lui est faite, au lieu d'être librement consentie, ait été déterminée par des manœuvres frauduleuses (Cass. 2 juil. 1910, *Mon. Lyon*, 4 août 1910, Cass. crim. 6 mars 1913).

La société qui poursuit et punit les malfaiteurs, poursuit et punit l'escroquerie, même si le délit n'a pas causé de préjudice, parce qu'elle a le droit de se protéger et de se défendre. L'escroquerie n'a pas abouti, mais son auteur a tout fait pour qu'elle aboutisse. Ce qu'il a préparé et tenté constituait un danger pour la société, et doit être réprimé.

CHAPITRE II

LES VARIÉTÉS DE L'ESCROQUERIE

L'escroquerie affecte les formes les plus variées et s'insinue dans toutes sortes de contrats. Elle est pratiquée par le sorcier qui dit la bonne aventure comme par le financier qui place les titres d'une mauvaise affaire, et, à notre époque où l'activité commerciale est intense, elle se glisse et s'insinue dans les transactions et les marchés.

Les expressions « obligations, dispositions, promesses ou décharges » dont se sert l'article 405, sont générales; elles embrassent tous les actes qui forment un lien de droit et à l'aide desquels on peut préjudicier à la fortune d'autrui (Cass. crim. 28 déc. 1912).

Escroquerie dans les ventes.

Pour vendre un immeuble à un prix bien supérieur à sa valeur réelle, on donne aux acquéreurs l'espoir chimérique d'obtenir par un bail des avantages qui justifieront le prix d'achat. On leur montre une correspondance échangée avec un futur locataire, on va même jusqu'à provoquer des déclarations de sa part : autant de manœuvres frauduleuses qui inspireront confiance et entraîneront la vente (Cass. 14 mai 1847.)

Pour vendre son fonds un commerçant falsifie la comptabilité de son établissement, majore les recettes et fait ressortir des bénéfices imaginaires. Vente d'un Café-Brasserie (Paris, 20 fév. 1890, S. 92, 2, 222) d'un office ministériel (Cass. 18 fév. 1865, D.65, 1, 147.)

A défaut de comptabilité et pour en tenir lieu, le vendeur d'un *fonds de commerce*, qui a publié dans un journal une annonce mensongère sur le produit de son fonds, remet à l'acheteur qui se présente, des notes volantes constituant des pièces et documents établissant les prétendus bénéfices du fonds, en réalité sans valeur. Il y a mise en œuvre d'actes matériels et extérieurs, corroborant les allégations du vendeur (Cass. 14 fév. 1908, S. 1909, 1, 64).

Ceci se passe *à la campagne*. — Des individus étaient parvenus à faire signer des marchés de toiles à des cultivateurs par le procédé suivant. Ils se présentaient d'abord comme acheteurs de lin, et se faisaient conduire dans les greniers et dans les champs, examinaient la marchandise, la pesaient et en offraient un prix. Lorsque le prix était accepté, ils proposaient aux vendeurs de changer le lin contre de la toile, faisaient le décompte du marché et parfois se faisaient remettre une petite somme à titre de soulte; puis ils livraient la toile, promettant d'enlever le lin ultérieurement. Enfin au milieu de « boniments assourdissants », ils présentaient aux cultivateurs des pièces que ceux-ci signaient, croyant s'engager à livrer le lin échangé, tandis que c'étaient des factures et des traites qui les constituaient *acheteurs purs et simples* de la toile (Cass. crim. 22 mai 1903, *Bull.* 1903, n° 195).

Les allégations mensongères des prévenus, dit l'arrêt, appuyées de la mise en scène qu'ils ont organisée, en se faisant montrer le lin, en le pesant, en se faisant remettre des soultes, ont eu pour résultat de faire naître dans l'esprit des plaignants l'espoir de l'échange de leur lin contre la toile : cet espoir les a déterminés à signer les pieces qui leur ont été présentées, mais l'échange qu'ils voulaient faire n'a été qu'un événement chimérique à raison de la mauvaise foi des prévenus qui, en détournant leur attention par « leurs boniments », leur ont fait signer l'engagement de payer le prix de la toile.

Marchandises d'occasion. — Qui de nous n'a été sollicité d'acheter l'*occasion exceptionnelle?* C'est un mobilier que son possesseur, obligé de partir, cède à vil prix ; ce sont des marchandises abandonnées dans les gares et non réclamées ; c'est un lot de barriques de vin que la veuve d'un propriétaire du midi, qui ne veut pas continuer le commerce de son mari, offre à un prix dérisoire, etc., etc... Sous ces annonces, il y a souvent une tentative d'escroquerie.

Sur les ventes de mobiliers d'occasion, on lira avec intérêt ce jugement du tribunal de la Seine du 4 avril 1911 (11ᵉ Chambre).

Le tribunal ;
Attendu que la dame V..., ayant besoin de meubles de salle à manger, remarqua dans un journal une annonce ainsi conçue : « A v. pressé. Gde sal. à m. noy. et en partie, 350 fr.

Gde ch. L. XV noy., 300 fr. Pleyel S. à gaz. S'adr. Concierge, rue L... B... vr. m. dimanc. » ;

Attendu que, s'étant rendue à l'adresse indiquée, la concierge lui assura qu'elle pouvait acheter ces meubles en toute sécurité et l'envoya à l'appartement situé au deuxième étage, dans la cour de la maison ; là elle fut reçue par C..., qui porte la rosette d'officier de l'instruction publique ; il déclara qu'il était très pressé de vendre et la présenta à une dame, avec qui elle débattit le prix ; on le fixa d'accord à 500 francs ; un acompte de 200 francs fut versé le 22 août ; les meubles devaient être livrés le 12 septembre ;

Attendu que la dame V... vit, quelques jours après, une même annonce pour des meubles à vendre à la même adresse ; elle envoya des personnes de sa famille, auxquelles on proposa en vente les mêmes meubles ; elle comprit alors qu'on lui avait vendu comme meubles d'occasion des meubles neufs ;

Attendu que C..., poursuivi sous prévention d'escroquerie, prétend que les éléments de ce délit ne se retrouvent pas dans l'acte qu'il a commis ;

Attendu que, pour déterminer les acheteurs à acquérir ses meubles en leur persuadant qu'ils font une affaire avantageuse, il emploie non pas seulement des mensonges, mais un ensemble de manœuvres qui sont de nature à tromper une personne prudente ;

Attendu que l'annonce du journal donne à penser qu'il s'agit de meubles dont on est pressé de se défaire et qu'on est décidé à les vendre au-dessous de leur valeur réelle ;

Attendu qu'outre l'intervention de la concierge, la dame V..., dans sa déposition à l'audience, a parlé de l'intervention d'une domestique, qui vantait le soin qu'elle avait pris de ces meubles ;

Attendu que ce mobilier était présenté dans un appartement habité bourgeoisement et paraissait servir aux personnes qui occupaient cet appartement, du linge et des vêtements étaient rangés dans les armoires, des fruits, du fromage se trouvaient sur un meuble de la salle à manger ;

« Attendu que, sans ces diverses manœuvres frauduleuses, la

dame V..., à qui elles faisaient espérer un profit imaginaire, ne se fût pas décidée à acquérir le mobilier ;

Par ces motifs ;

Condamne C... à 100 francs d'amende. »

Il a été jugé que constitue une manœuvre frauduleuse le fait de la part d'un tapissier d'annoncer la vente d'un mobilier qui en réalité est neuf, comme une vente de meubles d'occasion ; le fait d'installer des meubles dans un appartement d'étudiant, afin de faire croire à une vente forcée.

La Cour de cassation décide qu'est à bon droit déclaré escroc le prévenu qui offre une bicyclette en vente en appuyant ses dires de la production d'une facture majorée, émanée d'un tiers et qui fait naître ainsi chez l'acheteur l'espoir d'un gain imaginaire en le déterminant à remettre des fonds (Caen, 24 nov. 1909, *Rec. de Caen*, 1909, p. 201. Cass. crim. 23 avril 1910, *Gaz. Trib.*, 7 mai 1910). Le tribunal correctionnel de la Seine (6 avril 1911, *Gaz. Trib.*, 14 oct. 1911) a condamné pour escroquerie un individu qui avait entrepris le commerce de cycles par des procédés qui étaient des manœuvres frauduleuses. En lisant ce jugement on comprendra mieux que l'article 405 sert à protéger le commerce honnête et loyal.

Attendu qu'il résulte de l'information et des débats que le délinquant, anciennement marchand de meubles d'occasion, établi 26, rue de T..., à Paris, s'installa en octobre 1909 au n°... de la rue C... pour y entreprendre le commerce de cycles; qu'il fit à cet effet une publicité considérable, que de décembre 1909 à juin 1910 il fit imprimer près de 500.000 exemplaires de prospectus qui furent adressés par la poste à un très grand nombre de personnes occupant une situation déterminée, notamment aux maires, instituteurs, curés, percepteurs, cantonniers, etc.;

Attendu que les 20.000 prospectus expédiés par le prévenu, portent comme en-tête : « Entrepôt des Douanes », à gauche « Ville de Paris », à droite « 26, rue de T... » ; que le prévenu y indique que, par suite « d'une fausse déclaration de nature de marchandises et de valeur, une importante expédition de bicyclettes de la manufacture anglaise de Novelty — la grande marque de Manchester —, toutes dernier modèle et absolument neuves, ont été saisies en douane ; qu'en raison de la saison avancée, peu propice à un écoulement rapide, le conseil d'administration a décidé de les mettre en vente à l'amiable et sans frais aux prix de 125 francs », que l'auteur du prospectus ajoute « que les experts ont conclu à une fabrication et à un fini irréprochables ; que leur estimation a été fixée à 280 francs chaque bicyclette comme valeur marchande » ; que le prospectus porte au bas de la première page cette mention : « Adresser les commandes à M. X..., Douanes, 26, rue de T..., Paris » ;

Attendu que la deuxième page du prospectus contient la description détaillée des machines mises en vente, et, au verso, placées de façon à être bien vues, les mentions suivantes : « Avertissement », avec un cachet à l'effigie de la République et en exergue « Douanes, 26, rue de T..., Paris » apposé au timbre humide ;

Attendu qu'il ressort du rapport de l'expert commis par M. le juge d'instruction, que durant la période de cinq mois qui s'est écoulée du 28 février 1910 au 28 juillet suivant, le prévenu, à l'aide de la publicité provoquée par l'envoi de ces prospectus, a vendu 510 bicyclettes Novelty au prix de 125 francs l'une, soit ensemble pour la somme de 63.750 francs ; qu'il est établi, en outre, que les machines, achetées par lui chez divers industriels français, lui coûtaient 84 fr. 92 l'une ; qu'il a réalisé en cinq mois un bénéfice brut de 16.758 francs, lequel a d'ailleurs été absorbé par les frais généraux et, notamment, par ceux de publicité ;

Attendu que, poursuivi à raison des faits qui précèdent sur la plainte formée par le Syndicat général des agents de cycles et automobiles, le délinquant n'a pas hésité à reconnaître que toutes les mentions portées dans ses prospectus étaient de pure imagination, ajoutant qu'il avait pu se montrer imprudent dans la façon d'attirer les acheteurs, mais que les moyens qu'il avait employés, s'ils étaient incorrects, n'étaient pas délictueux, et constituaient des pratiques courantes en matière de publicité;

Attendu que si les exigences de la publicité commerciale peuvent autoriser, en pareille matière, une certaine tolérance, alors surtout que les moyens employés ne sont point de nature à induire en erreur un homme d'une prudence et d'une sagacité ordinaires, il n'en saurait être de même quand le prévenu, pour arriver à ses fins, a eu recours à des manœuvres présentant, comme dans l'espèce, un caractère nettement frauduleux;

Attendu que ce dernier ne s'est pas borné à énoncer dans ses prospectus des allégations manifestement mensongères et qu'il reconnaît comme telles; qu'il a organisé, en vue de tromper les acheteurs, une véritable machination tendant à leur faire croire qu'il s'agissait dans l'espèce d'une vente effectuée par la direction du service des Douanes, sous le contrôle et la garantie de cette administration;

Que les titres « Ville de Paris — Entrepôts des Douanes », l'exposé des circonstances dans lesquelles les machines auraient été saisies, l'annonce de l'expertise sur la valeur marchande des bicyclettes ayant conclu à l'évaluation de 280 francs par unité, l'énoncé des décrets, lois, articles de lois, suivant les mots : « A la requête de l'administration », le timbre humide apposé sur chaque circulaire et imitant le sceau de la République, sont autant d'indices certains que le prévenu a voulu donner à son entreprise les apparences d'une vente officielle organisée par l'administration des Douanes;

Attendu, d'autre part, que, pour corroborer ces apparences, le prévenu n'a pas craint de s'attribuer la fausse qualité de représentant de cette administration, que ces prospectus portent, en effet, la mention : « Adresser les commandes à M. X..., 26, rue de T..., à Paris »;

Qu'en outre, aux termes du rapport de l'expert, le prévenu, pour correspondre avec ses clients, faisait usage d'un imprimé portant l'en-tête suivant : « Douanes, 54, rue de C... Renseignements précis et prompts sur tous les tarifs douaniers, service A; des opérations en douane, chargé de la réalisation de la saisie; bicyclette Novelty (grande marque anglaise) »;

Attendu qu'il n'est point contestable que les correspondants dudit sieur X..., trompés tant par la fausse qualité usurpée par celui-ci que par le libellé mensonger des prospectus, et croyant s'adresser à l'administration des Douanes, ne se sont décidés aux achats pour lesquels ils étaient sollicités qu'en raison des garanties attachées à la provenance officielle des machines qui leur étaient offertes; qu'il suffit, pour s'en convaincre, de se reporter à la correspondance analysée par l'expert, et dans laquelle les signataires, pour faire leur commande, se réfèrent à l'annonce de la vente amiable des bicyclettes saisies par la Douane; qu'une de ces lettres est à ce point de vue particulièrement caractéristique; qu'elle est, en effet, adressée sous cette qualification : M. le chef des Douanes;

Attendu que pour échapper aux conséquences des agissements qui lui sont reprochés, le prévenu expose dans ses conclusions qu'en vendant au prix de 125 francs la bicyclette Novelty, il ne faisait point un bénéfice commercial exagéré, et qu'ainsi l'une des bases essentielles du délit d'escroquerie, c'est-à-dire le préjudice causé, n'existe pas dans l'espèce;

Mais attendu que l'article 405 du Code pénal n'exige pas comme condition de son application que la somme escroquée représente un bénéfice, ni même que cette somme ait tourné au profit de l'auteur du délit; que l'infraction existe alors même que la marchandise aurait été vendue à un prix équivalent à sa valeur, si l'acceptation de l'offre par l'acheteur, au lieu d'être librement consentie, a été déterminée par les manœuvres frauduleuses pratiquées à son égard;

Attendu que, de l'ensemble des constatations qui précèdent, il ressort que X..., depuis moins de trois ans, à Paris, en faisant usage d'une fausse qualité et en employant des manœuvres frauduleuses pour persuader l'existence d'un pouvoir ou d'un crédit imaginaire, s'est fait remettre des fonds par un grand nombre de personnes, et a escroqué par ces moyens tout ou partie de la fortune d'autrui, etc...

La Cour d'Aix a condamné deux escrocs qui employaient pour vendre du vin des procédés aussi ingénieux que malhonnêtes (5 nov. 1910, *Rec. Aix*, 1911, p. 69).

G..., négociant en vins à Marseille, et R..., son employé, envoyèrent à diverses personnes des circulaires où une dame B. P..., se présentant comme propriétaire de domaines vinicoles en Camargue et à Saint-Gilles du Gard, recommandait et proposait les vins de ces domaines. Pour solliciter, séduire et décider leur clientèle, ils joignaient à leur circulaire de faux imprimés de la Compagnie P.-L.-M., fabriqués à Marseille, faux récépissés et faux avis de souffrance, estampillés d'un faux timbre de la gare de Saint-Gilles, dont les écritures et les signatures étaient simulées. A l'aide de ces documents, ils tentaient de persuader ou persuadaient le plus souvent leurs clients de rencontre qu'ils pouvaient acquérir, vu les circonstances, pour un prix inférieur, un vin qui valait bien davantage.

Voici l'arrêt de la Cour :

Attendu que G... et R... appellent ce procédé un *simple truc*, et ne voient là qu'une forme ingénieuse et variée de réclame ;

Attendu tout d'abord que la réclame, si riche d'imagination et d'imprévu à l'heure actuelle, ne doit au moins pas avoir pour but de tromper l'acheteur, et qu'il est permis d'exiger d'elle des instruments de propagande qui ne soient pas illicites et malhonnêtes, mais qu'en dehors de l'indélicatesse des agissements des sieurs G... et R... dont ceux-ci ne semblent pas — et c'est regrettable — se rendre un compte exact, il s'agit de rechercher si les faits qui leur sont reprochés sont prévus et punis par l'article 405 du Code pénal ;

Attendu qu'après ce qui vient d'être dit, le premier élément constitutif du délit, à savoir les manœuvres frauduleuses, est hors de toute discussion ; mais qu'il importe de déterminer si ces manœuvres frauduleuses ont eu pour conséquence d'enrichir les prévenus au détriment de leurs clients en leur faisant croire à la réalisation d'un événement chimérique.

Attendu que G. et R... affirmaient qu'ils avaient en souffrance, dans une gare quelconque du réseau, des fûts de vin qui valaient 84 francs et qu'ils offraient par suite de ce fâcheux incident au prix de 57 francs, qu'il y avait là un double mensonge, car le vin (de l'aveu même des prévenus qui allèguent n'avoir employé qu'un simple truc) n'avait pas la valeur indiquée et dans aucune gare ne se trouvaient des fûts en souffrance ; que ce double mensonge était appuyé, fortifié par la manœuvre frauduleuse de la production des documents faux, fabriqués de toutes pièces ; que le bénéfice retiré par les prévenus du très grand nombre de commandes n'est pas douteux, mais qu'ils lésaient aussi incontestablement leurs clients de la différence entre la valeur du vin promis, 84 francs, et la valeur du vin livré, 57 francs ; qu'ils obtenaient de cette façon des lettres de commande, précédant l'envoi du vin, qui constituent de véritables obligations, et ce, en faisant luire à leurs yeux, par des procédés matériels frauduleux, l'espérance de la réalisation d'un événement chimérique, à savoir l'acquisition d'un tonneau de vin valant 84 francs.

Attendu qu'*il importe peu que les clients ne se soient pas plaints* et que la Compagnie P.-L.-M., justement émue par des faits de nature à lui causer un vrai préjudice moral en l'indiquant comme responsable de multiples retards dans la livraison de cette marchandise imaginaire, ait seule élevé la voix pour signaler une telle situation à la justice répressive ; qu'il n'en reste pas moins constant que, malgré l'illusion due à une mise en scène vraisemblable, le client avait cru acquérir un vin de 84 francs l'hectolitre, avait contracté dans ce but et n'avait acquis en réalité que du vin à 57 francs, ce dont il se serait tout de suite rendu compte s'il avait pu soupçonner par quels moyens on trompait sa bonne foi ;

Attendu donc que G. et R... demeurent convaincus de s'être, à une époque non prescrite, en employant des manœuvres frauduleuses pour faire naître l'espoir d'un événement chimérique, fait remettre ou délivré ou tenté de se faire remettre ou délivrer des obligations ou promesses et d'avoir, par un de ces moyens, escroqué ou tenté d'escroquer tout ou partie de la fortune d'autrui ;

Par ces motifs et ceux non contraires des premiers juges ;

La Cour confirme le jugement entrepris, condamne les prévenus, etc...

On voit par quels éléments l'escroquerie est caractérisée dans cette affaire. Les procédés employés par les prévenus se rencontrent trop souvent et font trop souvent des dupes. A remarquer que les clients des escrocs, c'est-à-dire leurs victimes, ne se sont pas adressés à la justice. Le délit a été signalé au Parquet par la Compagnie des Chemins de fer qui n'a éprouvé qu'un préjudice moral.

Escroquerie dans les paiements.

Deux individus se présentent pour payer un fermage de 2.000 francs et organisent une mise en scène pour dérober la quittance sans payer la totalité du prix. L'un tire un portefeuille bourré de billets de banque, en prend 10 de 100 francs qu'il étale sur la table et continue de tirer des billets qu'il semble préparer pour compléter la somme due. Puis tout à coup il saisit la quittance que son complice vient de demander pour la vérifier et se sauve en l'emportant et ne laissant sur la table que les 10 billets de 100 francs qu'il y a d'abord placés. L'escroc a obtenu la quittance en persuadant à son créancier qu'il allait le payer, espoir d'un événement chimérique (Cass. 15 mai 1903, *Bull. crim.* n° 186).

Le débiteur qui obtient un délai de paiement en remettant à son créancier, en garantie de la créance, un warrant contenant déclaration mensongère de marchandises, commet-il le délit d'escroquerie? Il semble qu'il n'a pas cherché à obtenir quittance ou décharge. Or, l'escroquerie suppose que l'escroc a voulu se faire remettre des fonds, meubles, obligations, billets, promesses, *quittances* ou *décharges*. Le délai de paiement ne rentre pas dans cette énumération qui est limitative. Il a été ainsi jugé par la Cour de cassation (Cass. 16 juil. 1903, S. 1906, 1,295). Mais cette décision qui est isolée est-elle conforme aux principes? Il est permis d'en douter, car la stipulation d'un délai pour le paiement crée un *lien de droit* qui oblige le créancier à ne pas exiger le paiement immédiat de sa créance. C'est donc une *obligation* ou une *promesse* qui peut, en retardant le paiement, causer un préjudice et qui a été obtenue par le débiteur.

Le délit connu sous le nom de *vol au rendez-moi*, est souvent une escroquerie puisqu'il consiste à se faire remettre une somme d'argent par des moyens frauduleux.

Selon les circonstances, il y a une escroquerie ou un vol.

Il a été jugé que l'individu qui, profitant de la distraction d'une personne, à laquelle il demande d'échanger un louis contre de la monnaie, *s'enfuit en emportant la pièce d'or en même temps que les 20 francs donnés en échange*, se rend coupable, non d'une escroquerie, mais d'un vol (Trib. cor. de Caen, 26 mars 1906, *Rec. Gaz. Trib.*, 1906, 1er sem., 2, 467).

De même, l'individu qui, après avoir remis à un marchand un billet de banque en paiement d'un objet d'un prix inférieur au montant du billet, prend la fuite *en enlevant furtivement* tant le billet de banque que la monnaie qui lui revient et qui avait été déposée sur le comptoir par le marchand, est à bon droit reconnu coupable du délit de vol : Cour de cassation, 29 sept. 1898, D. 1899, 1, 149.

Dans les deux cas, il y a eu « appréhension frauduleuse » de la chose d'autrui (Cour de Paris, 27 juil. 1912, *Gaz. Trib.* 8 nov. 1912).

Escroquerie pour obtenir décharge.

Exemple. Au cours du mois de février 1909, B... a déterminé la veuve F... à lui remettre une décharge de tous comptes antérieurs et à accepter en échange 5 actions d'une prétendue société d'études et de recherches minières en Algérie et en Tunisie dont soit oralement, soit par écrit, il avait affirmé la sécurité exceptionnelle. Ces prétendus titres étaient fictifs, ayant été créés en suite de la constitution d'une société sans apports ni objet réel, simulée dans un but purement dolosif, et B... connaissait si bien le caractère frauduleux de ces actions qu'il n'avait osé les offrir à personne avant d'en faire accepter cinq par la veuve F., qu'il savait être, à raison de son grand âge et de son état valétudinaire, dans l'impossibilité de se renseigner sur leur valeur.

La remise de pareils titres représente essentiellement

l'acte matériel et extérieur exigé par la loi. D'autre part l'entreprise était chimérique et la remise des titres d'apparence régulière avait donné crédit aux allégations de B... et déterminé la veuve F... à consentir décharge de sa créance (Cass. crim. 12 mai 1911, *Bull.* 1911, n° 252).

Escroquerie à l'achat.

Établir des maisons de commerce fictives pour obtenir livraison de marchandises qu'on liquide avant l'échéance est devenue une industrie pratiquée par des malfaiteurs qui font de nombreuses dupes.

Toutes les manœuvres qui peuvent faire croire à l'existence d'un commerce sérieux sont employées. Les Tribunaux ont eu souvent à se prononcer sur la plainte des commerçants trompés. La jurisprudence admet que prendre la fausse qualité de commerçant constitue le délit, sans qu'il soit besoin de manœuvres frauduleuses. Il y a usage d'une fausse qualité dans le fait de se dire le représentant d'une maison de commerce dont l'existence est purement fictive et imaginaire. L'usage d'une fausse qualité constitue par lui-même une des modalités du délit d'escroquerie et justifie, indépendamment de l'existence de manœuvres frauduleuses, le dispositif de condamnation de ce chef (Cass. crim. 4 mars 1910, *Gaz. Trib.*, 20 mars 1910).

Mais la jurisprudence souvent voit une manœuvre frauduleuse dans la prise de la fausse qualité de commerçant réalisée par un acte matériel. Dans un arrêt du 5 juin 1908, la Cour de cassation a jugé que l'envoi d'entêtes de lettres mensongers, ainsi établis pour faire croire à la réalité d'un commerce important, constituait, de la part du prévenu, le fait matériel et extérieur, caractéristique de la manœuvre frauduleuse destinée à persuader aux destinataires desdites lettres, l'existence d'une fausse entreprise ou d'un crédit imaginaire.

Les aventuriers qui se font remettre des marchandises à crédit par les commerçants sont légion. La naïveté ou l'imprudence que montrent parfois les marchands ne saurait être une excuse pour les escrocs.

Chaque année les journaux nous apprennent que des joailliers ont remis des bijoux d'une valeur considérable à des clients qui se sont présentés à eux sous une fausse qualité et jouaient depuis quelque temps dans la société étrangère une véritable comédie.

Le fripon se sert souvent d'un tiers dont les services sont payés, cela va sans dire, et qui est connu du marchand. Il se présente accompagné par son complice dont la présence inspirera la confiance dont il a besoin. Puis il donne son adresse. Il s'est installé dans un appartement d'un prix élevé. Il porte un nom qui ressemble à celui d'une famille honorable et connue. Les renseignements pris sur lui sont excellents et le marchand livre à crédit (Cass. crim. 12 juin 1886, *Bull.* n° 214).

Pour augmenter leur crédit... et leurs chances de gain, les escrocs fondent une *société anonyme.* Exemple.

En 1887, la maison de commerce dite « du bon Génie », se trouvant dans une situation très précaire, Isaac Lévy et ses co-prévenus se concertèrent pour obtenir du conseil municipal de Paris la concession d'un emplacement au bois de Vincennes. Le conseil municipal l'accorda à titre gratuit, mais subordonna son autorisation à diverses clauses et conditions stipulées dans le cahier des charges. Les principales conditions consistaient en la constitution par acte authentique, d'une société dont le capital social serait d'un million de francs au moins et dans l'obligation de justifier le versement de ce capital avant la prise de possession. L'acte de société fut dressé et déposé par les cinq sociétaires, Gabriel, Jean Lévy, et autres chez un notaire, le 13 janvier 1887. Les parties y déclarèrent faire l'apport d'un million dans des proportions indiquées par chacune d'elles et reconnurent que cette somme avait été remise à Gabriel Lévy en un chèque sur le Comptoir d'Escompte de Paris.

Mais la société était purement fictive. Le *chèque* d'un million *n'avait aucune valeur*. Il avait été créé par A..., caissier de G. Lévy et possesseur d'un carnet de chèques du Comptoir d'Escompte, créditeur de 3.143 francs. *Il avait été rendu à A... et détruit, après avoir été montré au notaire.*

Trompé par ces actes, le préfet de la Seine accorda la concession et la prise de possession demandées. Des entrepreneurs, abusés par ces mêmes fraudes, *fournirent des travaux et des marchandises...* (Cass. 16 nov. 1888, D. 89, 1, 270).

Le *vol à l'américaine*, c'est-à-dire se faire remettre par la dupe de l'argent ou des titres ou un bagage précieux, en lui confiant des objets sans valeur, est aussi une escroquerie.

Enfin, voici une *escroquerie à l'achat commise de complicité avec un notaire.*

G. C..., commerçant, dont les affaires étaient des plus embarrassées, entre en relations avec P..., notaire à O..., que des besoins d'argent avaient réduit aux pires expédients. Tous deux s'entendirent pour faire de compte à demi des achats de marchandises en vue de les revendre immédiatement. C... fit à divers négociants d'importantes commandes, en leur affirmant que des fonds lui appartenant étaient déposés en l'étude de P... et qu'ils serviraient au paiement. Le notaire consulté, certifiait l'exactitude des dires de C..., en promettant de réserver comme garanties du montant des factures les fonds dont il se disait le dépositaire.

Les allégations mensongères de C..., auxquelles l'intervention de P... donnait force et crédit, sont restées sans résultat auprès de trois négociants, mais elles ont déterminé le sieur D... et le sieur F... à faire à C... des livraisons s'élevant pour l'un à 4.201 francs et pour l'autre à 3.000 francs (Cass. crim. 13 janv. 1911. *Bull.* 1911, n° 28).

Escroquerie à la promesse d'emploi.

« Travail facile sans connaissances spéciales », lit-on à la dernière page des journaux, « écrire à M. X... qui enverra renseignements ». Si on écrit, M. X... répondra en demandant l'envoi d'une somme d'argent qui lui permettra d'expédier l'appareil qui sert à montrer *le travail facile*.

L'argent adressé, on ne reçoit plus rien de M. X...

Même procédé de la part de celui qui offre une représentation « pour articles nouveaux » : « Représentants sérieux sont demandés ». L'employé sollicité devra verser un cautionnement que l'escroc s'empresse de mettre dans sa poche. Au mensonge, s'ajoutera, la plupart du temps, une mise en scène, ou la prise de fausse qualité de commerçant, de directeur d'une agence de placement qui n'existe pas.

Escroquerie pour obtenir des courtages et commissions.

Elle est commise par des courtiers ou des commis-voyageurs au préjudice des maisons pour lesquelles ils cherchent des clients. La fraude consiste à annoncer des affaires qui n'ont pas été faites. Si le mensonge se dissimule sous des manœuvres frauduleuses, il y a escroquerie.

Il a été décidé que, lorsqu'un commis-voyageur transmet à la maison de commerce dont il dépend des ordres fictifs de clients pour se faire remettre des sommes d'argent à valoir sur le montant de ses commissions, il n'y a là que de simples mensonges, insuffisants pour constituer le délit (Cass. crim. 15 fév. 1889, *Bull.* n° 66; Cass. 8 fév. 1900, D. 1900, 1, 216, 17 juin 1904, *Bull.* n° 258; Paris, 23 juil. 1912, *Gaz. Trib.*, 10 nov. et la note).

Des applications de ce principe ont été faites dans des procès relatifs aux bons de commission que se faisaient payer des intermédiaires peu scrupuleux à l'occasion de ventes de fonds de commerce (Rouen, 16 juil. 1904).

Mais il y aurait manœuvre frauduleuse et escroquerie, si le représentant envoyait des fausses commandes signées *par des personnes imaginaires ou par des complices*. Ainsi jugé à l'égard de courtiers de compagnies d'assurances qui présentaient de fausses polices, dans le but d'obtenir les commissions d'usage (Seine, 6 oct. 1906, *Rec. des assurances*, 1906, p. 546).

Escroquerie à l'emprunt et au prêt.

Ressemble fort à l'escroquerie à l'achat, mais l'auteur de la tromperie extorquera des sommes d'argent au lieu de se faire remettre des marchandises.

L'affaire Daugy, jugée en 1867 par la cour de Bourges, est pittoresque par certains côtés et mérite une mention.

Daugy se présente au banquier Raillard qui avait été son liquidateur dans une société précédemment formée par lui pour le commerce des grains. Il lui demande des fonds sous prétexte qu'il voulait reprendre le commerce, « acheter des blés dans les bas prix pour les revendre dans la cherté ». Des fonds lui sont fournis en 1863, 1864, 1865 et, à chaque versement, le banquier ayant interrogé Daugy sur son commerce, celui-ci lui répondit qu'il avait acheté des grains, mais que le moment n'était pas favorable pour les revendre ; qu'il en avait déposé dans des greniers épars dans la campagne pour ne pas paraître un accapareur. Il n'y avait pas un mot de vrai dans ces histoires. Daugy prenait donc la fausse qualité de commerçant. Il se rendait coupable aussi de manœuvres frauduleuses. En 1864, au cours des opérations, Daugy ayant rencontré Raillard sur le pont de la Charité, lui montra plusieurs voitures de grains derrière lesquelles il marchait, sa blouse sous le bras, et lui dit : « Je viens d'acheter des grains et je les conduis dans mes greniers. » Ce mensonge avait pour but de persuader Raillard de continuer la remise des fonds. Et, en effet, sur la foi de ces achats imaginaires, Raillard fit de nouveaux versements (Cass. 28 nov. 1867, *Bull.* n° 238).

Autre exemple : Pour prouver sa solvabilité, un emprunteur montre un acte d'obligation constatant qu'il a emprunté par hypothèque 100.000 francs sur sa propriété qui, dit-il, vaut le double; mais les énonciations de l'acte avaient été inscrites sur sa propre déclaration; elles étaient fausses. La propriété ne valait pas plus de 15.000 francs.

C'est l'affaire Palmarini dont la Cour de cassation s'est occupée en 1887 (*Bull.* n° 431).

Palmarini soutenait qu'il n'y avait pas eu escroquerie. L'arrêt attaqué, lisons-nous dans la décision de la Chambre criminelle, constate que le prévenu ne s'est pas borné à de simples mensonges pour faire croire à l'existence d'un crédit imaginaire ; il les a appuyés de faits extérieurs constitutifs de manœuvres frauduleuses en montrant à G... : 1° un acte d'obligation constatant qu'il avait emprunté 100.000 francs garantis par une hypothèque sur une propriété contenant 170 hectares, rapportant 8.200 francs et valant 200.000 francs ; et 2° les quittances constatant sa libération, alors que les énonciations inscrites dans ledit acte, sur la déclaration de l'emprunteur, étaient fausses et que la valeur de la propriété de M... appartenant à Palmarini ne dépassait pas 15.000 francs. La Cour de Lyon a justement reconnu dans les faits ainsi établis les caractères légaux du délit d'escroquerie.

Commet une escroquerie celui qui en se servant d'un bail fictif, passé devant notaire, et en cédant et déléguant des loyers fictifs, se fait consentir le prêt d'une somme d'argent et s'en fait remettre le montant par le préteur, lequel n'a été déterminé à consentir ce prêt et à remettre les fonds que par la production de ce bail notarié et la *cession-délégation des loyers* (Cass. 1er fév. 1901, D. 1903, 5, 340).

Dans des arrêts récents, le seul fait, de la part d'un individu insolvable, de donner sciemment en gage une chose sans valeur, constitue le délit d'escroquerie. La présentation et la remise de l'objet truqué serait la manœuvre constitutive de l'escroquerie. Ainsi, il a été jugé par la Cour de cassation qu'il y a escroquerie dans le fait de remettre en nantissement une obligation foncière qu'on sait être frappée d'opposition, dans le but de se faire prêter une certaine somme d'argent. On a voulu persuader au prêteur qu'il avait un gage sérieux, réalisable, on lui a donné une espérance chimérique par un acte matériel, extérieur, la remise du titre sans valeur (Cass. 11 fév. 1904, *Bull.* n° 87).

L'escroquerie au prêt ou à l'emprunt est commise souvent *au moyen d'effets de commerce*, en remettant au prêteur un chèque sans provision, des valeurs dans certaines conditions que je vais examiner.

Escroquerie au moyen d'effets de commerce.

Payer au moyen d'un *chèque sans provision* n'est pas escroquer, à moins que l'offre ou la remise du chèque n'ait été accompagnée de manœuvres pour persuader l'existence d'un crédit imaginaire.

La remise d'un chèque, sans provision préalable, à l'effet d'obtenir une décharge, ne constitue pas à elle

seule une escroquerie. Il manque une manœuvre, une
intervention par quoi le débiteur chercherait à inspirer
confiance. La possession d'un carnet de chèques n'établit pas que la maison de banque doit tenir une somme
d'argent à la disposition du titulaire, ni quelle somme
d'argent. Le créancier qui donne quittance sur le vu
d'un chèque se fie à la loyauté de son débiteur. Si son
débiteur s'est contenté de remettre le chèque en affirmant qu'il y avait provision, s'il n'a eu recours à aucune
manœuvre, c'est un menteur, à coup sûr un malhonnête
homme, ce n'est pas un escroc (Cass. crim. 30 oct. 1903,
S. 1906, 1, 370 et 8 juin 1912).

Mais si la remise d'un chèque régulier, dépourvu de
provision, ne constitue pas par elle-même l'escroquerie,
il en est autrement lorsqu'il s'agit d'un chèque fictif dont
la présentation est accompagnée d'une mise en scène et
de l'intervention d'un tiers, destinées à donner force et
crédit aux mensonges du porteur.

Tirer des *lettres de change* sur des débiteurs fictifs,
afin d'obtenir de l'argent, en faisant escompter les
valeurs, n'est pas escroquer, car celui qui reçoit un effet
de commerce doit apprécier la valeur des signatures,
mais il y aurait escroquerie s'il y avait prise de fausse
qualité ou manœuvres frauduleuses pour tromper la
personne qui doit verser les fonds. Le délit est certain
lorsque celui qui présente un effet à l'escompte a établi
une confusion entre un des signataires de la valeur et
une autre personne solvable, ou lorsqu'un tiers intervient
dont les affirmations orales, les lettres confirment ces
mensonges. La jurisprudence paraît aller plus loin et elle
qualifie d'escroquerie le seul fait de se faire remettre de

l'argent en présentant un effet commercial fictif. Des Cours d'appel ont condamné l'individu qui se faisait remettre des sommes d'argent ou des marchandises, en fournissant un billet de complaisance souscrit par un tiers dont il connaissait la complète insolvabilité (Paris, 19 juil. 1865, D. 66, 5, 181 ; Lyon, 25 mars 1867, S. 68, 2, 75, D. 67, 2, 173). Chercher à obtenir une remise de fonds d'un banquier escompteur en se donnant comme créancier alors qu'on ne l'est pas, et en présentant une traite qu'on sait être fictive, c'est mentir en prenant une fausse qualité et en produisant un document faux, donc c'est mériter l'application de l'article 405. On ne saurait trop protéger le crédit commercial contre des fraudes qui risqueraient de le ruiner.

Indélicatesse d'employé dans les transactions, adjudications, marchés.

Voici un cas d'escroquerie très curieux. On se plaint beaucoup à notre époque de l'usage de donner des commissions aux intermédiaires dans les marchés et transactions commerciales. Lorsque l'une des parties se fait représenter, il arrive que son mandataire est sollicité par l'autre et se voit offrir une commission qui n'est alors qu'un moyen de corruption. La commission de ce genre a pris le nom de *pot-de-vin*. Or voici comment ce mot pittoresque peut servir à désigner une escroquerie. Il importait de punir l'acte indélicat du préposé qui trompe la confiance du maître en le trahissant.

Un employé d'une compagnie de chemins de fer, chargé de recevoir les soumissions pour fourniture de

ferrures et autres pièces accessoires à l'exploitation, et
de transmettre aux agents supérieurs celles de ces soumissions qui, faites au plus bas prix, étaient, par là même,
les plus avantageuses à la compagnie, s'entendait avec
certains fournisseurs et, au moyen de remises ou pots-
de-vin qui lui étaient alloués par ces derniers, tantôt
faisait apparaître leurs offres comme présentant le rabais le plus considérable, tantôt supprimait celles de
leurs concurrents, bien que faites à un taux inférieur.
Il procurait ainsi aux fournisseurs compères des bons
de commande pour lesquels il avait surpris la signature
des employés supérieurs de l'administration et dont il
profitait lui-même dans la mesure des remises qu'il avait
stipulées (Cass. 7 mars 1879, *Bull.* n° 62; Garçon, *Nouveau Code pénal annoté*, art. 405).

Comment dans cette espèce s'analyse l'escroquerie?
Voici le texte de l'arrêt de la Cour de cassation.

En ce qui touche H... (l'employé).
Attendu qu'à la suite d'un concert frauduleux organisé entre lui et les fournisseurs qui avaient acheté son concours par
la promesse de remises ou pots-de-vin, il a, profitant des faci-
lités que lui donnait sa qualité d'employé de la compagnie,
tantôt supprimé les offres inférieures en prix à celles de ses co-
prévenus, tantôt par la communication abusive de ces mêmes
offres, fourni à ces derniers les moyens de les primer à l'aide
d'un rabais dérisoire, que ces faits souverainement constatés
par l'arrêt attaqué, constituent au plus haut point les *manœuvres frauduleuses* visées par l'article 405 du Code pénal.
Attendu que ces manœuvres avaient pour but et qu'elles ont eu
pour effet de persuader à la Compagnie des chemins de fer du Nord
que les soumissions proposées par H... à son acceptation réalisaient la condition de l'offre du plus bas prix et qu'elles avaient
subi la loi d'une concurrence loyale et réglementaire ; que cette

persuasion n'était que la croyance à un *événement chimérique* auquel les faits avaient donné le plus complet démenti.

Il y a donc, dans ces faits, délit d'escroquerie et non abus de confiance. Quant aux fournisseurs qui ont agi de mauvaise foi, ils sont complices de l'employé escroc.

Demande d'indemnité pour perte ou détérioration de colis.

Il y a plusieurs façons d'escroquer ou de tenter d'escroquer les compagnies de chemins de fer.

1° Le destinataire du colis a brisé involontairement l'objet expédié. Afin de pouvoir réclamer une indemnité à la compagnie de chemins de fer, *il détériore la caisse* pour faire croire que l'avarie de l'objet est imputable au transporteur. En agissant ainsi, il se crée un titre de créance frauduleux (Trib. Corbeil, 29 janv. 1904, S. 1905, 2, 52).

2° Le destinataire se fait adresser par des complices des colis contenant des objets avariés ou cassés, dans le but de prétendre, lors de la livraison, que ces objets ont été détériorés par la faute de la compagnie ou de ses agents et d'obtenir ainsi une indemnité (Cass. 21 mars 1896, S. 98, 1, 151).

3° Le voyageur ayant remis un colis comme bagage à une compagnie de chemins de fer, l'enlève subrepticement à la gare d'arrivée, sans restituer le bulletin de bagage, puis réclame et obtient de la compagnie une indemnité pour la perte du colis, en produisant le bulletin de bagage indûment conservé (Cass. 9 juin 1888, S. 88, 1, 448).

Escroquerie dans les assurances.

Si un courtier ou un agent d'assurances emploie des manœuvres frauduleuses pour obtenir la signature d'une police, il y a lieu d'appliquer les principes.(Sur la responsabilité de la compagnie d'assurances, voir : Lyon, 1er fév. 1912, *Gaz Trib.*, 7 sept. — Rouen, 1er mars 1893, S. 93, 2, 215.) — Mais l'escroquerie peut être le fait de l'assuré.

Il y a eu *incendie*. La victime du sinistre réclame une indemnité supérieure à celle qui est due, en exagérant la valeur des objets détruits, en appuyant ses déclarations mensongères d'un état inexact de ces objets, en dissimulant ceux qui ont été sauvés. Si c'est un commerçant, en produisant des quittances et factures de fournisseurs pour faire croire à l'existence dans ses magasins incendiés d'une quantité de marchandises supérieure à celle qui a été détruite. Les fausses déclarations sont un des éléments visés par l'article 405 du Code pénal, si elles sont inscrites dans des inventaires ou pièces comptables frauduleuses, si elles sont certifiées par un tiers chargé de donner force et crédit à la parole de l'assuré (Cass. 6 mars 1886, S. 86, 1, 444. — Bordeaux, 2 mai 1890, S. 92, 2, 217).

Il y a *tentative* d'escroquerie dans le fait d'un individu qui, après avoir simulé un incendie pour faire croire à la destruction de marchandises assurées, a comparu devant le juge de paix pour y déclarer le prétendu sinistre et la quantité de marchandises détruites, puis a renouvelé sa déclaration à l'agent de la compagnie d'assurances, en lui remettant un inventaire de marchandises avec estimation de leur valeur, *dans le but d'obtenir de la compagnie une indemnité de sinistre* à laquelle il n'avait aucun droit (Agen, 14 juin 1871, S. 71, 2, 931).

L'assuré *contre les accidents* qui provoque ou entretient une blessure est un escroc. Il y a de véritables professionnels de ce genre d'escroquerie. La Cour de Grenoble (22 déc. 1904, *Journ. des Parquets*, 1905, 2, 96) a condamné un individu qui, en moins de trois ans, avait contracté des assurances avec neuf compagnies et avait déclaré quinze accidents au genou gauche en fournissant des certificats médicaux et des déclarations de témoins. Le prétendu accident était une hydarthrose chronique aggravée par des chocs ou des frottements volontaires. Il avait touché au total 4.800 francs.

Une entreprise de ce genre, avec des médecins complices, a fonctionné pendant quelque temps dans la région parisienne. Elle exploitait l'accident du travail. Le tribunal correctionel de la Seine a jugé (27 mai 1908) que le fait, par un ouvrier, de continuer à se faire payer une indemnité de demi-salaire pour un accident du travail dont il est guéri, en se basant sur des certificats médicaux de complaisance, constitue le délit d'escroquerie, et que le fait par un docteur en médecine de délivrer sciemment à un ouvrier guéri d'une blessure un certificat constatant qu'il est encore incapable de travailler, lui procurant ainsi les moyens de se faire remettre des indemnités auxquelles il n'a pas droit, constitue le délit de complicité d'escroquerie par aide et assistance de son auteur.

La tricherie au jeu.

Comment est-ce une escroquerie ? Parce que supprimer frauduleusement des chances de jeu est une manœuvre qui a pour but de donner au partenaire l'espérance d'un gain *chimérique* et qui aura pour effet de faire remettre l'enjeu au tricheur.

L'application de l'article 405 du Code pénal est justifiée lorsqu'il est constaté que, dans une partie de *baccara*, la remise des enjeux n'a été obtenue, dans un certain nombre de coups, que par l'emploi de manœuvres frauduleuses ayant pour objet de révéler les cartes du ponte qui devait croire à l'exercice d'un jeu loyal et régulier.

Le fait, de la part du banquier, d'avoir au cours d'une partie de baccara, placé sur le paquet de cartes régulières, d'autres cartes frauduleusement préparées pour gagner à tout coup, constitue, au cas où ce banquier a été empêché par un tiers de distribuer les cartes, un commencement d'exécution qui caractérise la tentative d'escroquerie (Cass. crim. 8 janv. 1912, *Gaz. Trib.*, 26 juin).

On peut prouver les tricheries dans des jeux comme le bonneteau, qui sont presque toujours des escroqueries, mais il est plus difficile de les saisir dans d'autres jeux. Si elles ont existé, la victime est seule à s'en apercevoir et son affirmation ne saurait suffire. Comment signaler à la justice les aigrefins qui pratiquent l'*écarté* ou le *bridge* ? Lorsque le tricheur est un aventurier qui s'est présenté sous un faux nom et a pris une fausse qualité afin d'inspirer confiance au partenaire, cette fraude suffira à motiver une condamnation pour escroquerie (Trib. corr. Seine, 31 oct. 1911, *Gaz. Trib.*, 29 déc.), car c'est en croyant avoir à faire à un galant homme qu'on aura accepté de jouer aux cartes sur parole.

L'aigrefin étant insolvable a fait espérer à son partenaire un succès imaginaire, et il ne l'a amené à jouer et par conséquent à s'engager à payer s'il perdait, qu'en lui donnant la conviction que la partie serait loyale. Le perdant, la victime, ne s'est acquitté de sa dette que parce qu'il croyait que le gagnant, s'il eût lui-même perdu, aurait aussi payé. La remise de l'argent a bien été causée par l'emploi de faux nom et fausse qualité ou par les manœuvres frauduleuses.

Diseurs de bonne aventure et guérisseurs.

Les devins et les sorciers, somnambules lucides et extralucides sont visés par l'article 479, n° 7 du Code pénal, qui punit « ceux qui font métier de deviner et pronostiquer ou d'expliquer les songes », mais l'article 479 vise et réprime des contraventions. Si les pratiques de superstition ou de sorcellerie sont graves, elles seront réprimées comme escroqueries. Or malgré que nous vivions à une époque de progrès où s'affirme, dit-on, la maîtrise de la raison, jamais peut-être les charlatans et diseurs de bonne aventure ne firent de plus brillantes affaires. De temps en temps le Parquet vient troubler leur industrie. Citons une des dernières poursuites :

Le professeur d'astrologie, V. B..., fut condamné, le 26 juin 1912, à 18 mois de prison et 1.000 francs d'amende.

Par des milliers de circulaires, il offrait « gratuitement à toute personne lui adressant sa date de naissance et son adresse, de lui prédire son avenir, son caractère, etc... » Il reçut ainsi 2.000 demandes dont il forma autant de fiches qu'il classa méthodiquement. A chaque demande, il répondait par une circulaire appropriée au « signe zodiacal » du sollicitant, et concluant par l'offre d'un horoscope complet pour un prix variant de 5 à 25 francs.

Ceux qui voulaient connaître leur avenir recevaient un nouvel imprimé se terminant par l'offre d'un talisman, qui, pour être efficace, « devait être porté avec croyance, foi et volonté ». Il consistait en un bijou odo-électroïde dont le prix variait ainsi :

1° Bagues : 50, 100 et 150 francs suivant la beauté artistique du bijou ; — 2° roues mystiques, 25 francs ; — 3° médailles avec couleurs planétaires et zodiacales, 10 francs.

Le professeur B... donnait aussi des consultations dont le prix variait suivant les têtes entre 5 et 50 francs. Dès qu'on avait payé, on se trouvait faire partie de « l'union privée fraternelle, spirituelle et universelle » dont le but était la construction, sur une montagne, d'un temple où les souscripteurs auraient trouvé asile aux jours de cataclysme.

Ces stratagèmes grossiers ont toujours un succès surprenant. Des personnes intelligentes se laissent prendre à ces pièges. N'a-t-on pas trouvé dans le dossier de B... une lettre d'un député qui le consultait sur sa réélection, et une lettre d'un financier, grand lanceur d'affaires minières hasardeuses, qui lui demandait son avis sur l'avenir d'une mine de cuivre au Chili !

L'ancien droit condamnait les « prétendus devins ou pronostiqueurs » à la peine du fouet et au bannissement. Il n'avait pas tort.

Les *promesses de guérison* font aussi de nombreuses dupes. On verra par la lecture de l'arrêt prononcé contre ceux qui exploitaient la crédulité publique au moyen de la ceinture « Electro-Vigueur », comment ces fourberies et artifices sont réprimés au moyen de l'article 405 du Code pénal.

La Cour ;
Sur le chef d'escroquerie :
Considérant que, pour exploiter la crédulité publique, fut fondé, à Paris, en 1902, sous le nom : Institut du docteur Mac-Laughlin, un établissement commercial, ayant pour but unique la vente d'une ceinture électrique dite « Electro-Vigueur » ;
Que Zoock, du 1er mai 1903 au 1er août 1907, prit la direction de cet établissement, chargé plus spécialement de la publicité ; qu'à Zoock, le 1er août 1907, succéda Cooley dans les fonctions de directeur général, qu'il exerça tout au moins jusqu'au 3 mars 1910, date du jugement dont est appel ; qu'à tous deux fut adjoint Cooper, de 1903 à mars 1910 tout au moins, s'occupant plus spécialement de la direction commerciale et de la vente des ceintures ; qu'aucun de ces trois inculpés, pas plus, d'ailleurs, que le docteur Mac-Laughlin, n'est muni du diplôme de docteur en médecine ; que tous trois, dans une entente commune, ont participé à tous les actes de la direction de l'établissement, et organisé la mise en scène destinée à tromper les malades, et que les agissements à eux reprochés ont continué tout au moins jusqu'à mars 1910 ;
Considérant que, tout d'abord, une somme de 25 francs, prix de la ceinture la moins coûteuse, était obtenue du malade, attiré par une publicité outrancière, consistant en articles de presse, dessins, brochures, etc., dans lesquels la ceinture « Elec-

tro-Vigueur » était représentée comme guérissant infailliblement, même après échec de tous autres traitements, les maladies les plus diverses, et notamment : les rhumatismes, l'impuissance, les affections du cœur, du foie, de l'estomac, des voies urinaires, la méningite, l'albuminurie, l'ataxie locomotrice, les rhumatismes syphilitiques, etc. ; qu'il était en outre annoncé que des médecins spécialistes, adjoints à l'Institut Mac-Laughlin, examinaient les malades ou établissaient le diagnostic de l'affection, sur le vu d'un questionnaire rempli préalablement par les clients de province, puis prescrivaient le type de ceinture convenant à la maladie reconnue ; que ces affirmations étaient corroborées par une correspondance médicale répétée, adressée à chaque client, toujours signée « docteur Mac-Laughlin », rédigée non point par les médecins, ni même, la plupart du temps, sur leurs instructions, mais uniquement par des dactylographes, qui, sur les indications de Cooper ou de la dame Wingref, chargés de cette besogne, se bornaient à recopier les chapitres d'un recueil ou Codex, contenant de véritables consultations médicales, avec indication d'un traitement, sur chaque affection, de telle sorte que chaque malade arrivait fatalement à cette conclusion que son cas avait été spécialement étudié par les médecins de l'établissement et que, pour obtenir la guérison, une ceinture plus puissante que le type n° 1 et d'un prix partant plus élevé, était nécessaire ; que, convaincu, le malade demandait cette ceinture, laquelle lui était envoyée contre remboursement ou contre la remise de billets ou effets portant engagement par lui de payer la différence de prix ;

Considérant que les docteurs de Labatt de Lambert (Joseph), décédé ; de Labatt de Lambert (Henri), celui-ci à de rares intervalles et en remplacement du précédent ; Dumoret, de mai à septembre 1907, et Ficatier, de fin mai 1908 jusque tout au moins à mars 1910, ont successivement assumé la direction du cabinet médical de l'Institut Mac-Laughlin ;

« Considérant que si, à la vérité, les directeurs de l'établissement n'ont point, à leur entrée en fonctions, nettement précisé aux médecins qu'on attendait d'eux la constante prescription de la ceinture, ceux-ci, avertis par la réclame, savaient, dès avant leur installation à l'Institut du docteur Mac-Laughlin, que l'unique raison d'être de cet établissement consistait dans la vente de ceintures « Electro-Vigueur » ; qu'ils n'ont pas pu ne pas prévoir le rôle qui leur était réservé ; qu'en tout cas, ils n'ont point tardé à se rendre compte des agissements de leurs co-inculpés et du but par eux poursuivi ; qu'ils ont connu la correspondance médicale instituée en dehors d'eux et que, sans avoir accepté aucune mission précise, ils ont consenti à jouer le rôle pour lequel ils avaient été tacitement appelés ;

Considérant que *si, envisagées isolément, la publicité mensongère et la mise en scène, quelque habile qu'elle soit, ne peuvent constituer la manœuvre frauduleuse,* il en est autrement lorsqu'à ces agissements est jointe, soit la présence effective, soit l'intervention démontrée par la correspondance, du médecin qui, aux yeux des malades non prévenus, a conservé intacte toute son autorité ; que l'adjonction du médecin dans ces conditions constitue l'intervention déterminante du tiers telle que l'a admise la jurisprudence et caractérise la manœuvre frauduleuse au sens de l'article 405 du Code pénal ;

Considérant qu'il est sans intérêt pour la Cour de rechercher si la ceinture « Electro-Vigueur », appareil suranné et d'un type abandonné depuis longtemps, a ou non une valeur intrinsèque ; que peu importe que, dans certaines espèces, des guérisons, relevant soit de l'état nerveux spécial du malade, soit de l'origine purement nerveuse de l'affection, puissent ou paraissent avoir été obtenues ; qu'il suffit à la Cour de constater que, dans l'état actuel de la science médicale, la ceinture « Electro-Vigueur », traitement électrique, est sans action curative possible sur la plupart des maladies précisées par les directeurs de l'Institut et que ceux-ci connaissaient son impuissance à les guérir ;

Considérant, au surplus, que médecins et directeurs de l'Institut Mac-Laughlin savaient si bien l'impuissance de la ceinture que, si c'était généralement le médecin qui ordonnait l'emploi de la ceinture, le choix du type et de la puissance — c'est-à-dire de ce qui eût dû constituer le degré d'intensité du traitement — était laissé au seul Cooper, lequel s'inspirait uniquement de la situation de fortune du client ; qu'en promettant la guérison infaillible de toutes ces maladies, sans distinction, Zoock, Cooley et Cooper se sont targués d'un pouvoir qu'ils savaient imaginaire et ont fait naître l'espérance d'un événement qu'ils savaient chimérique ; qu'ainsi se trouvent réunis, à leur encontre, les éléments constitutifs du délit d'escroquerie ;

Considérant, d'autre part, que, mieux encore que leurs co-inculpés, les docteurs Dumoret et Ficatier connaissaient l'inutilité curative, dans la presque totalité des cas, de la ceinture « Electro-Vigueur » ; qu'ils ont néanmoins consenti à en prescrire régulièrement l'usage ; qu'ils se sont ainsi rendus complices du délit ci-dessus spécifié, en aidant ou assistant avec connaissance ses auteurs dans les faits qui l'ont préparé ou facilité ou dans ceux qui l'ont consommé ;

Considérant, en conséquence, qu'il y a lieu d'infirmer sur les chefs d'escroquerie et de complicité d'escroquerie le jugement dont est appel ;

Par ces motifs et ceux non contraires des premiers juges ;

Donne défaut contre Zoock ;

Infirme le jugement, dont est appel ; 1° en ce qu'il a prononcé relaxe des chefs d'escroquerie à l'égard de Zoock, Cooley et Cooper et de complicité d'escroquerie à l'égard des docteurs Dumoret et Ficatier ; 2° en ce qu'il a déclaré lesdits prévenus coupables de délit d'exercice illégal de la médecine ; les relaxe des condamnations prononcées contre eux de ce chef ;

Déclare : 1° Zoock, Cooley et Cooper coupables de s'être conjointement, à Paris, moins de trois ans avant le début des poursuites exercées contre eux, en employant des manœuvres frauduleuses pour persuader l'existence d'un pouvoir imaginaire et pour faire naître l'espérance d'un événement chimérique, fait remettre par des personnes non dénommées des fonds et des obligations ou billets portant engagement de verser des fonds et d'avoir ainsi escroqué partie de la fortune d'autrui ; 2° Dumoret et Ficatier coupables de s'être, dans les mêmes circonstances de temps et de lieu, et en tout cas moins de trois ans avant les poursuites dirigées contre eux, sciemment rendus complices du délit ci-dessus spécifié, en aidant et assistant, avec connaissance, des auteurs dans les faits qui l'ont préparé et facilité et dans ceux qui l'ont consommé, etc.;

Le pourvoi formé contre cette décision a été rejeté par la Cour de cassation (18 fév. 1913).

Les prétendus guérisseurs, dans la plupart des cas, ne sont pas docteurs en médecine. Ils sont alors poursuivis à la requête des syndicats des médecins pour exercice illégal de la médecine. C'est un moyen suffisant d'interrompre leur funeste industrie, mais lorsque le scandale est trop grand, ils sont inculpés d'escroquerie. Il faut reconnaître que rien ne semble les intimider et que jamais leur impudence n'a été aussi grande.

Escroquerie au mandat fictif.

Se présenter pour obtenir la remise d'une chose, comme mandataire de la personne qui a le droit de la réclamer, alors qu'on n'est pas mandataire de cette personne ou qu'on a cessé de l'être. Il suffit que le juge du fait constate l'usage de la fausse qualité de mandataire pour que la condamnation soit justifiée.

Les *escroqueries à la charité* rentrent dans cette catégorie lorsque le faux quêteur se dit le représentant d'une œuvre qui existe.

Le « plantage de tableaux ».

L'escroquerie au *plantage de tableaux*, bien connue à Paris, consiste à déposer des toiles de peu de valeur chez un descendant d'ancienne famille, afin de faire croire à leur authenticité et d'augmenter ainsi leur valeur marchande. Cette fraude permet surtout de donner en nantissement les toiles auxquelles on a attribué une origine fausse.

On trouve ces procédés visés et analysés dans un arrêt de la Cour de Paris rendu le 24 décembre 1912, dans une affaire qui a fait quelque bruit.

Claude de Choiseul s'occupe d'une façon régulière et continue de la vente d'objets d'art à titre d'intermédiaire rémunéré par les marchands de tableaux et les antiquaires. Il était, en 1909, en rapports suivis d'affaires avec François Constant Van der Perre, marchand de tableaux à Paris, 6, rue Saint-Georges, et il avait été chargé par ce dernier de négocier un certain nombre de toiles de l'École Flamande. Ces tableaux, d'un certain prix, d'ailleurs, doivent être mis au nombre de ces objets d'art susceptibles de paraître avoir une valeur bien supérieure à celle qu'ils ont réellement, quand ils sont habilement présentés aux amateurs. Les experts commis par justice ont qualifié plusieurs d'entre eux de « tableaux de spéculation », pièces recherchées des marchands qui les achètent à bon compte à raison de leur état de détérioration facile à réparer, et les revendent avec profit, car « elles reproduisent à merveille la manière d'un maître ».

M. de Choiseul fit placer les tableaux, qui restaient la propriété de Van der Perre, dans le petit hôtel de son amie, Mme Carmencita de Senano, rue Berlioz, à Passy, pour y être montrés à cette clientèle d'amateurs qui, tenant en défiance les objets anciens vendus par les antiquaires de profession, cherche des occasions chez les particuliers. Van der Perre plaça son propre frère, Jacques Van der Perre, auprès de de Choiseul, dans une demi-domesticité qui lui permettait d'aider à la vente des tableaux tout en renseignant son frère sur ce qui se passait. Par surcroît de précaution on jugea bon de ne pas laisser à Jacques Van der Perre son nom. Celui-ci se fit appeler « M. Laval ».

Au mois de janvier 1909, de Choiseul fut mis en rapport par Pfister, se disant commissionnaire en marchandises, avec Walter, négociant en pierres fines, et associé de la maison Eisenmann, de Londres. Bien que le but poursuivi fût de vendre les tableaux de Van der Perre, Pfister fut assez adroit pour présenter l'affaire différemment : c'était de Choiseul qui désirait acheter un collier de perles en demandant du temps pour le payer, sa solvabilité étant d'ailleurs garantie par la possession d'une galerie de tableaux de maîtres provenant de sa famille. Walter accepta, offrit de vendre un collier de 59 perles pesant 404 grains, dont il demandait 90.000 francs, mais il voulut qu'un expert estimât les tableaux. Pfister lui indiqua comme expert Van der Perre qui fut accepté sans défiance. Le 23 janvier 1909, Walter croyant aller chez de Choiseul fut conduit par Pfister, accompagné de Van der Perre, rue Berlioz, où tous trois furent reçus par le soi-disant Laval. Là se joua une comédie destinée à duper Walter et qui réussi pleinement : Pfister et Van der Perre s'extasiaient sur la beauté et la valeur des tableaux, leur attribuant des prix fantastiques, s'étonnant que l'on pût trouver réunies de pareilles merveilles. Sur l'assurance donnée par Van der Perre que quatre de ces toiles étaient d'une valeur bien supérieure au prix demandé du collier de perles, soit 90.000 francs, Walter se contenta de quatre tableaux. De Choiseul, arrivé à la fin de la scène, ratifia ce qui avait été décidé.

« Les manœuvres frauduleuses ont consisté dans la comédie qui s'est jouée le 23 juin 1909, rue Berlioz, et dans la mise en scène savamment préparée où tout avait été habilement combiné pour que Walter crût qu'il était chez de Choiseul, crût que les tableaux venaient de collections de famille, crût qu'ils avaient une valeur énorme. Chacun y joua son rôle : Pfister le premier comme rabatteur, puis en prenant part à l'enthousiasme simulé qui impressionna le marchand de perles ; Van der Perre, plus que tous autres, étant le principal bénéficiaire de l'escroquerie, en se faisant, à l'insu de Walter, l'expert de ses propres tableaux et de plus en se faisant aider et assister par son frère sous un faux nom de Laval ; de Choiseul, en laissant amener un amateur chez lui, et en ayant tout toléré, tout ratifié, tout accepté. »

La Cour déclare qu'ils sont tous trois co-auteurs de l'escroquerie, ayant ensemble et de concert participé aux manœuvres frauduleuses constitutives du délit.

Walter a cru à tort acquérir des toiles provenant des collections de la famille de Choiseul. Cette croyance erronée a été sans conteste une des causes déterminantes de la remise des perles. A vrai dire, il n'a pas été prouvé qu'il ait cru acheter des tableaux catalogués ayant figuré dans la collection célèbre du duc de Choiseul-Stainville, ministre de Louis XV, collection dispersée dans trois ventes de la fin du XVIII° siècle : en 1772, après la disgrâce et l'exil à Chanteloup, en 1784 et 1789, après la mort du duc ; mais il a eu la ferme conviction que les tableaux avaient successivement appartenu aux membres des différentes branches de la famille de Choiseul; qu'ils n'avaient figuré ni dans les magasins des antiquaires, ni aux enchères de l'Hôtel des ventes.

Les prévenus invoquèrent comme généralement admis dans le commerce des objets anciens, le procédé qui consiste à placer dans des châteaux, dans des hôtels particuliers, plus spécialement chez les descendants ruinés ou prodigues de familles nobles ou de financiers connus, des objets présentés comme venant de leurs ancêtres;

La Cour a apprécié ce moyen de défense dans les termes suivants :

Considérant qu'une pareille théorie ne saurait être acceptée, qu'on ne peut soutenir qu'un usage commercial autorise un marchand à tromper l'acheteur; qu'à la vérité on a toujours admis qu'il n'y avait ni vol, ni escroquerie dans les exagérations d'un marchand ventant sa marchandise et qu'il n'y avait rien d'illicite à présenter l'objet offert dans un cadre, une ambiance, un entourage qui, créant des harmonies voulues, des oppositions calculées, le mettent en valeur; mais que le procédé devient illicite, lorsque, en dehors de la mise en scène qu'un acheteur prudent et attentif peut prévoir, le marchand appuie ses allégations mensongères de supercheries qui surprennent la bonne foi de l'amateur;

Considérant que dès que cette supercherie induit celui-ci en erreur sur la cause même qui le détermine à acheter, elle vicie son consentement à la vente et constitue un élément de l'escroquerie; que le fait d'avoir conduit Walter chez un fils de famille portant un nom connu, qu'il peut croire désireux de se défaire d'objets anciens provenant de ses parents, a éloigné de son esprit la défiance qu'il aurait pu avoir dans les magasins d'un antiquaire;

Considérant que les quatre toiles donnent une valeur globale minima de 22.000 francs et maxima de 32.600 francs; qu'il y a

un écart tel avec le prix du collier qu'il est constant que Walter
a été trompé sur la valeur de l'objet vendu;

De Choiseul a été condamné à 1.000 francs d'amende,
Pfister à 2.000 francs; Van der Perre à trois mois de prison et 1.000 francs d'amende.

**Fraudes imaginées par des agents d'affaires et quel-
quefois même par des notaires pour tourner les
prohibitions du régime dotal.**

L'affaire classique est l'affaire de la Société des terrains
de Cannes-Hygée (Paris, 28 fév. 1894, S. 98, 2).

Une société est formée entre trois personnes, dont
l'une apporte 25 hectares de terres incultes situées près
de Cannes. Le but apparent de la société est le lotisse-
ment de la propriété en un certain nombre de lots d'un ou
deux hectares, la création de voies de communications,
de jardins, la construction de chalets et villas; mais on
ne commence pas les travaux. On fait dresser de magnifi-
ques plans parcellaires, on montre des vues photogra-
phiques habilement prises, puis on installe un bureau à
Paris, avenue de l'Opéra, et on envoie des démarcheurs
aux époux mariés sous le régime dotal, obérés ou momentanément gênés. Un notaire d'Eure-et-Loir se charge
de recevoir à son étude tous les actes nécessaires.
Séduits par l'encaissement immédiat de primes importantes, une multitude d'époux mariés sous le régime
dotal, se laissèrent duper et vendirent des valeurs excel-
lentes pour acheter les terrains incultes de Cannes-
Hygée.

Toutes ces variétés d'escroqueries ne sont données que comme exemples et afin de montrer le mécanisme des textes de la loi qui les punit. Mais l'escroquerie, qui n'est que le mensonge, la fourberie à un certain degré, peut prendre les aspects, les formes les plus diverses. Pour l'escroc, tous les moyens, tous les prétextes sont bons. On remplirait un volume des artifices et des tromperies qu'il imagine. Quelques exemples encore avant d'examiner l'escroquerie dans les opérations financières.

On lit souvent dans les journaux des annonces de ce genre : « Monsieur meilleur monde, 36 ans, 45.000 francs par an, désire épouser dame très sentimentale, ayant 4.000 francs, agences s'abstenir. » Il paraît qu'il n'y a là, quelquefois, qu'un moyen de soustraire de l'argent, sous prétexte d'avances pour frais, aux dames qui désirent que le « Monsieur du meilleur monde » leur soit présenté. Une mise en scène est organisée par des compères. Le futur arrive assez facilement à faire verser des fonds, soit à lui soit à un complice, après quoi il disparaît, laissant une victime de l'*escroquerie au mariage* (Cass. crim. 4 déc. 1908.)

Le compteur horo-kilométrique des voitures, le *taximètre* n'est pas d'un usage bien ancien. Il a déjà servi à escroquer. Un cocher avait remplacé le pignon de transmission qui était de 10 dents par un pignon de 9 dents. La disposition du compteur avec pignons à 10 dents, correspondait au tarif de la voiture et le chiffre changeait par 300 mètres parcourus. Mais en supprimant une dent, le mouvement du sautoir qui fait changer le chiffre, se produisait au bout de 270 mètres, au lieu de 300 mètres. Les voyageurs subissaient donc une majoration de 10 %.

Le tribunal a jugé que le cocher avait employé des manœuvres frauduleuses, en faisant apparaître au compteur des chiffres inexacts, pour tromper ses clients sur les distances parcourues ; qu'il avait « fait naître ainsi dans leur esprit l'espérance d'événements chimériques, s'était fait remettre des fonds et avait, par ce moyen, escroqué partie de la fortune d'autrui ». (Seine, 10ᵉ Chambre, 3 janv. 1912.)

Citons encore :

L'escroquerie *au trésor* ;

L'escroquerie *à l'invention* (exemples : l'affaire Lemoine, voir chapitre XIII; Étienne, le restaurateur de tableaux, C. de Paris, 5 fév. 1913).

L'escroquerie *à la succession* (exemple : l'affaire Humbert, voir chapitre XII).

CHAPITRE III

L'ESCROQUERIE DANS LES OPÉRATIONS FINANCIÈRES.

Tout le monde sait, pour en avoir vu les ravages, que la société anonyme est l'instrument préféré des modernes escrocs. Il y a vingt ans, un économiste écrivait :

« Les sociétés par actions sont un mécanisme indispensable à l'accomplissement de la fonction du capital dans le commerce et l'industrie modernes : malheureusement elles fournissent aux faiseurs d'affaires, aux *affaristi*, comme les appellent les Italiens, l'occasion de véritables brigandages en grand. » (Claudio Jannet, 1892.)

Que pourrait-on dire aujourd'hui ? Obtenir des souscriptions du public en présentant comme bonne une affaire qui ne vaut rien, est devenue une industrie dont vivent largement certains lanceurs et fondateurs de sociétés, des placeurs de titres, démarcheurs ou publicistes. Après quelques mois ou quelques années, il ne reste aux actionnaires que le papier de leurs valeurs. Les uns se taisent, croyant qu'il est impossible de retrouver les coupables ou qu'ils sont insolvables, les autres portent

plainte mais, trop souvent, quand les escrocs sont à l'abri
de la prescription. Quelquefois aussi, les victimes signa-
lent au Procureur de la République des faits qui ne relèvent que du tribunal civil et oublient ceux qui seraient
des éléments de poursuite. Funestes effets de l'ignorance,
la foule des mécontents grossit, et, selon le goût du jour,
elle n'attend le salut que d'une réforme législative.

Mais notre législation, par les lois sur les·sociétés et
l'article 405 du Code pénal qui punit l'escroquerie, suffit
à protéger le capital contre la plupart des actes frauduleux dont il est victime. Cette opinion a été nettement
exprimée par un magistrat du Parquet de la Seine, M. le
substitut Grandjean, dans une remarquable *étude du délit d'escroquerie dans la Société par actions* (1908) et pour
optimiste qu'elle paraisse, elle résulte de l'examen des
textes. Le législateur en effet, au début de l'essor des
sociétés anonymes, a prévu les dangers qu'elles présen-
teraient pour l'épargne publique et l'attrait qu'elles offri-
raient aux aigrefins.

Les mesures de protection sont de plusieurs sortes :

1° *La Société doit être constituée selon certaines règles,
sous peine de nullité* (art. 1, 2, 3, 4, 22, 23, 24, 25, loi de
1867, modifiée par la loi du 1ᵉʳ août 1893). Les fondateurs,
administrateurs et apporteurs sont responsables de la
cause de nullité qui leur est imputable (art. 42).

2° *Certaines fautes dans la constitution et l'administration de la société sont punies de peines correctionnelles :*
Émissions d'actions d'une société constituée contraire-

ment aux prescriptions des articles 1, 2 et 3 de la loi de
1857 (art. 13).

Négociations d'actions dont la valeur ou la forme serait contraire aux dispositions de ces articles (art. 14).

Participation à ces négociations et publication de la
valeur desdites actions (art. 14).

La peine prévue par la loi est une amende de 500 à
10.000 francs...

La création d'une majorité factice dans une assemblée
générale est un des actes les plus dangereux pour les
actionnaires, puisque les décisions les plus importantes
sont prises par l'assemblée générale qui représente la
société. La loi de 1867 (art. 13) décide que « ceux qui, en
se présentant comme propriétaires d'actions ou de cou-
pures d'actions qui ne leur appartiennent pas, ont créé
frauduleusement une majorité factice dans une assemblée générale et ceux qui ont remis les actions pour en
faire un usage frauduleux, seront punis d'une amende
de 500 à 10.000 francs, sans préjudice de tous dommages-
intérêts, s'il y a lieu, envers la société ou envers les tiers.
La peine de l'emprisonnement de quinze jours à six mois
peut, en outre, être prononcée. »

Cette disposition, connue des administrateurs qui ont
besoin d'une majorité à leur dévotion, les oblige à plus
d'ingéniosité. Ils empruntent des titres moyennant un *de-
port*, c'est-à-dire un prix payé au prêteur. L'opération se
faisant sous la forme d'un achat de titres au comptant et
d'une revente à terme, l'emprunteur a le droit de figurer
aux assemblées générales.

3° La troisième catégorie comprend des *faits visés spé-*

cialement aussi par la loi de 1867, mais qui entraînent pour leur auteur les condamnations aux peines prévues par l'article 405 du Code pénal.

ART. 15. — Sont punis des peines portées par l'article 405 du Code pénal, sans préjudice de l'application de cet article à tous les faits constitutifs du délit d'escroquerie :

1° Ceux qui, par simulation de souscriptions ou de versements ou par publication, faite de mauvaise foi, de souscriptions ou de versements qui n'existent pas ou *de tout autre fait faux*, ont obtenu ou tenté d'obtenir des souscriptions ou des versements ;

2° Ceux qui, pour provoquer des souscriptions ou des versements ont, de mauvaise foi, publié les noms de personnes désignées, contrairement à la vérité comme étant ou devant être attachées à la société à un titre quelconque ;

3° Les gérants qui, en l'absence d'inventaires ou au moyen d'inventaires frauduleux, ont opéré entre les actionnaires la répartition de dividendes fictifs.

Les faits visés dans cet article ressemblent fort à de l'escroquerie. — Mais à les bien examiner, ils ne réunissent pas tous les éléments de ce délit. La publication de souscriptions ou de versements qui n'existent pas est un mensonge, une affirmation qui ne constitue pas la manœuvre frauduleuse. De même, publier les noms de personnes désignées, contrairement à la vérité, comme étant ou devant être attachées à la société, n'est pas prendre un faux nom ou une fausse qualité, ni employer une manœuvre frauduleuse, c'est mentir ; mais il ne faut pas oublier que le mensonge produit avec une mise en scène, appuyé et fortifié de l'intervention d'un tiers, devient la manœuvre frauduleuse. Dans l'arrêt Rochette [1], la Cour de Rouen a bien marqué cette distinction.

1. Voir chapitre XIV.

Le troisième fait visé par l'article 15 de la loi de 1867, la répartition de dividendes fictifs, sera sans aucun doute un fait d'escroquerie, s'il a été fait au moyen d'inventaires frauduleux. Le mensonge appuyé de pièces et documents truqués est une manœuvre frauduleuse, mais encore faudrait-il que la répartition ait eu pour but de provoquer une hausse des titres, et d'attirer des acheteurs « en faisant naître l'espérance d'un événement chimérique ».

Donc, les faits visés par l'article 15 de la loi de 1867 sont punis des mêmes peines que l'escroquerie, mais ils ne sont pas des escroqueries, ce sont des actes frauduleux, des escroqueries atténuées, incomplètes, des dols, punis comme des délits.

Le même article réserve expressément l'application de l'article 405 du Code pénal à tous les faits constitutifs du délit d'escroquerie. On peut affirmer que dans presque toutes les sociétés qui ont entraîné la ruine des actionnaires, il y a eu des actes frauduleux, fraudes de l'article 15 ou escroqueries, et on peut constater que les actes visés par l'article 15 sont, la plupart du temps, la préface d'une escroquerie.

Les expressions dont se sert le Code pénal s'appliquent à merveille aux sociétés par actions qui ne sont qu'un moyen d'escroquer. *Persuader l'existence de fausses entreprises, faire naître l'espérance d'un succès*, c'est le thème de tous les prospectus financiers qui invitent à souscrire des actions d'une mauvaise affaire.

Passons en revue quelques escroqueries de ce genre.

I. — Manœuvres frauduleuses dans la fondation -des sociétés.

A) Escroquerie au moyen d'une société imaginaire.

Faire croire à l'existence d'une société qui est de pure imagination, qui dans la matérialité du fait n'existe pas, et par ce moyen, capter la confiance et obtenir des remises de fonds, c'est commettre une escroquerie audacieuse, mais qui fait encore des dupes, par la publicité, qui affirme promesses et mensonges et prête une existence à ce qui est fictif (Cass. crim. 10 janv. 1913, *Gaz. Trib.*, 19 janv.)

Doivent être considérées comme ayant le caractère de manœuvres frauduleuses le dépôt, en l'étude d'un notaire, de l'acte constitutif d'une prétendue société anonyme, la déclaration également par-devant notaire, de la souscription du capital social et du versement du quart réglementaire, la tenue d'assemblées générales qui, trompées par de faux rapports, votent l'approbation d'apports en nature inexistants pour la plupart, la formation d'un syndicat chargé du placement des actions restant à souscrire ; tous ces actes n'ayant d'autre but que de faire croire faussement à la réalité d'une société purement fictive (Cass. 9 mai 1885, S. 85, 1,521).

Par la société fictive, l'escroc cherchera à inspirer confiance, surtout afin d'attirer des dépôts de fonds dans les caisses de la société. Puis il disparaîtra avec l'argent de ses clients et sera poursuivi pour abus de confiance. Car il serait difficile d'obtenir des souscriptions à des titres d'une société qui n'existe pas, et il est à peu près indispensable de paraître la constituer régulièrement ; c'est alors que le mensonge et la fraude apparaîtront sous les déclarations, les procès-verbaux, les rapports et les résolutions en apparence des plus régulières.

Mais une *société nulle* n'est pas nécessairement une société fictive, inexistante. Nulle en droit, elle peut avoir eu une existence de fait et elle n'est donc par une fausse entreprise (Cass. 30 avril 1891, D. 91, 1, 491).

B) Escroquerie au moyen d'une société irrégulièrement constituée.

Ce qui importe aux financiers marrons, c'est de donner à leur entreprise une apparence régulière, sérieuse et de présenter les titres qu'ils offrent comme un placement de tout repos. Pour cela ils essayeront de persuader non seulement que la souscription a été couverte, mais encore que le premier quart sur les actions a été versé, ce qu'exige la loi.

La souscription et les versements sont reconnus par une déclaration du fondateur dans un acte notarié et à cette déclaration sont annexés la liste des souscripteurs et l'état des versements effectués.

La déclaration, l'affirmation du fondateur sont ici nécessairement confirmées par d'autres personnes, et au moyen de documents. Donc, si les souscripteurs sont des hommes de paille, des compères dont les souscriptions et les versements sont fictifs, la manœuvre frauduleuse est complète. Il a été jugé en ce sens par la Cour de cassation et en vertu des principes que nous connaissons que « si des allégations mensongères ne suffisent pas pour constituer les manœuvres frauduleuses, au sens de l'article 405, il en est autrement quand, à ces affirmations se joignent des actes extérieurs, une mise en scène de nature à les appuyer et ayant pour objet de persuader l'existence d'un crédit imaginaire » (Cass. 28 mai 1887, S. 1888, 1, 185; Cass. 16 nov. 1888, S. 1889, 1, 270).

C) Majoration des apports ou fraudes sur les biens que les fondateurs présentent au public comme constituant le patrimoine de la société.

C'est un immeuble, mais on néglige d'indiquer qu'il est hypothéqué; c'est une promesse de vente qu'on présente comme une vente définitive; ce sont des terrains loués dont on se dit propriétaire; c'est une concession demandée et qui ne sera peut-être jamais accordée, dont on se dit titulaire. Voilà quelques exemples de tromperies sur la nature des droits. Les tromperies sur la valeur des biens sont encore plus nombreuses, mais il ne faut pas confondre ces fraudes avec les évaluations excessives faites de bonne foi. A des degrés divers, même dans les sociétés les plus sérieuses, la valeur des apports est exagérée, car les fondateurs s'attribuent toujours la part du lion. Ils font des prélèvements excessifs sous forme de majoration des apports en nature, tels que immeubles, brevets d'invention, clientèle, ou de frais préalables faits pour la fondation de la société.

La loi de 1867 a pris certaines dispositions pour protéger l'épargne contre les promesses et les affirmations des promoteurs de société.

Art. 4. — Lorsqu'un associé fait un apport qui ne consiste pas en numéraire, ou stipule à son profit des avantages particuliers, la première assemblée générale fait apprécier la valeur de l'apport ou la cause des avantages stipulés. La société n'est définitivement constituée qu'après l'approbation de l'apport ou des avantages donnés par une assemblée générale, après une nouvelle convocation. La seconde assemblée générale ne pourra statuer sur l'approbation de l'apport ou des avantages qu'après un rapport qui sera imprimé et tenu à la disposition des actionnaires cinq jours au moins avant la réunion de cette assemblée.

Les délibérations sont prises par la majorité des actionnaires présents. Cette majorité doit comprendre le quart des actionnaires et représenter le quart du capital social en numéraire. — Les associés qui ont fait l'apport ou stipulé des avantages particuliers soumis à l'appréciation de l'assemblée n'ont pas voix délibérative.

A défaut d'approbation, la société reste sans effet à l'égard de toutes les parties.

Mais, avec de malhonnêtes gens, cette protection est illusoire. Les actionnaires ont *cinq jours* pour prendre connaissance du rapport. Que feront-ils dans un délai si court? Que pourront-ils faire? Rien d'utile. S'ils ont un doute, présenter une observation dans l'assemblée générale réunie pour statuer sur les apports? Mais on hésite à parler et à empêcher la formation de la société, si on n'a pas une objection très forte à présenter, si on n'est pas sûr de soi.

Le législateur a vu la difficulté et il a compté sur la loyauté des personnes qui seront chargées d'examiner les apports, de les apprécier et de présenter un rapport. La protection des actionnaires, c'est la sagesse des commissaires qui vérifieront les apports. Mais s'il y a collusion entre ceux qui offrent les apports et ceux qui vont les apprécier, si les commissaires sont aussi malhonnêtes que les fondateurs ; et même, sans être tout à fait complices, s'ils sont des complaisants qui veulent être agréables à des financiers généreux ! Il y a des ingénieurs qui ne vivent que des missions qu'ils accomplissent à la satisfaction des lanceurs d'affaires.

Les victimes des rapports mensongers sur la valeur des apports ont à leur disposition soit la loi de 1867 qui punit des peines de l'escroquerie « ceux qui par publication, faite de mauvaise foi, de faits faux » ont obtenu ou tenté d'obtenir des souscriptions, soit l'article 405 du Code pénal. Une majoration, quelque exagérée qu'elle fût, serait licite, si elle était faite sans dissimulation, si elle était faite de bonne foi. Une vérification des apports, volontairement inexacte, mensongère, destinée à tromper les souscripteurs d'actions, serait une manœuvre frauduleuse à la charge du fondateur de la société, parce que la fraude aurait été concertée entre lui et les rédacteurs du rapport. La confirmation réciproque et concertée d'un mensonge dans le but d'obtenir des fonds est une escroquerie. « Une poursuite peut être engagée lorsque sur de faux rapports, par une entente criminelle, ces apports auront été frauduleusement exagérés, c'est-à-dire lorsque les souscriptions auront été obtenues à l'aide de ces procédés que réprime précisément l'article 405 du Code pénal ». (Substitut Grandjean, *op. cit.*, p. 70).

L'épargne publique doit être protégée contre les aigrefins qui pratiquent ce genre de fraude. Dans l'état actuel des affaires, il est impossible que les souscripteurs vérifient les apports. L'exploitation de la plupart des affaires nouvelles est située à l'étranger et le capitaliste sollicité est obligé de faire confiance aux vérifications dont on lui affirme la sincérité.

II. — Manœuvres frauduleuses pour placer les titres.

Bénéfices fictifs. Bilans frauduleux.

Pour entretenir la confiance du public, il n'est pas meilleur moyen que d'annoncer une distribution de dividendes. L'escroc augmentera son gain en maintenant la situation de sa société, en plaçant le stock des titres, en procédant au besoin à une augmentation de capital. Mais « on ne prête qu'aux riches », on n'apporte de l'argent qu'aux sociétés prospères. A défaut de réalité, il importe d'en entretenir l'illusion. Aussi, de tous les pièges tendus à la crédulité du public, il n'en est pas de caractère plus nettement frauduleux que la distribution de dividendes fictifs. Et il ne s'agit plus ici de la loi du 24 juillet 1867, mais bien de l'application étroite de l'article 405 du Code pénal, s'il est démontré que cette distribution a été l'amorce, la cause impulsive et déterminante de la remise de fonds (Note du conseiller Ruben de Couder, S. 1885, 1, 521).

La distribution de bénéfices fictifs sera presque toujours la manœuvre frauduleuse, car elle consistera dans un mensonge, appuyé de documents, confirmé par les allégations d'un tiers. La confirmation réciproque par deux prévenus, de leurs allégations mensongères, constitue une manœuvre frauduleuse (Cass. 10 juin 1910). Les inventaires et bilans, œuvre du directeur ou d'un administrateur, sont certifiés exacts par les commissaires aux comptes et passent ensuite dans le rapport du conseil d'administration. Cela suffit, et si ces rapports mensongers, s'appuyant sur des pièces frauduleuses, ont été publiés avec l'art consommé de la presse financière, il y aura aggravation de la manœuvre.

Pour qu'il y ait inculpation d'escroquerie, il resterait à prouver que la distribution annoncée ou effectuée a été la cause déterminante de la remise des fonds. Mais cette preuve n'est-elle pas nécessaire aussi pour l'application de l'article 15 de la loi de 1867?

D'après la jurisprudence, constitue la manœuvre frauduleuse visée dans l'article 405, tendant à faire croire à une prospérité et à un crédit imaginaires, la distribution de dividendes que le public devait tenir pour sincère et considérer comme une preuve de prospérité de la société (C. de cassation, 9 mai 1885, S. 1885, 1, 521. Cass. 28 mai 1887, S. 1888, 1, 185), et la confection des bilans frauduleux établis pour faire croire à la prospérité de la société (Cass. crim. 10 janv. 1913, *Gaz. Trib.*, 19 janv.).

Du délit spécial de la loi de 1867, la Cour de Riom (27 avril 1898, S. 1901, 1, 537) a jugé coupable l'administrateur de la société qui, propriétaire d'un grand nombre d'actions et de parts de fondateur, a tout préparé pour faire croire à la prospérité de la société et a distribué des dividendes fictifs, afin de donner de la valeur à ses titres et de les vendre avantageusement, et aussi pour faciliter l'émission des obligations qu'il allait faire voter par l'assemblée générale.

Aussi bien, la rédaction de bilans frauduleux suffira-t-elle à engager la responsabilité pénale des auteurs de la fraude, si elle a eu pour but d'obtenir des versements de fonds en déterminant des souscriptions d'actions ou d'obligations. C'est dans cette situation que se trouveraient les directeurs et administrateurs d'une société financière qui auraient concouru sciemment à la confection de bilans frauduleux combinés en vue d'obtenir la souscription des actions émises par la compagnie (Cass. crim. 10 janv. 1913).

« L'inventaire, reconnu exact au point de vue des opérations matérielles et des cours de la Bourse pris comme base d'évaluation des titres, peut être déclaré frauduleux, lorsque, dans l'avoir apparent de la société, on a compris, d'une part, pour un chiffre important, des actions de la société elle-même, cotées au cours que cette société leur avait fait atteindre par ses opérations de report et par ses achats poussés jusqu'à l'épuisement des dernières ressources sociales, et qu'on a fait figurer, d'autre part comme certaines et disponibles, des valeurs qui, en réalité, étaient purement éventuelles et aléatoires » (Cass. 23 juin 1883, S. 83, 1, 428).

Les coupables ont toujours soin de se faire couvrir par un vote de l'assemblée générale. Mais on sait comment sont formées les majorités d'actionnaires! Il est fort heureux que les principes aient permis de décider que le vote de l'assemblée générale qui a autorisé la distribution de bénéfices fictifs ne saurait en rien couvrir les administrateurs au point de vue de la responsabilité pénale qu'ils ont encourue.

Cela ne fait aucun doute si les actionnaires ont ignoré la manœuvre frauduleuse, mais on doit même décider avec un arrêt fort intéressant de la Cour de Lyon (16 mars 1899, S. 1901, 2, 297) que si les membres de l'assemblée ont connu le caractère frauduleux de l'inventaire, leur vote les rend complices du délit et ne diminue en rien la culpabilité des administrateurs.

Opérations par la société sur ses actions pour provoquer la hausse.

Il est aujourd'hui de jurisprudence constante que le *rachat d'actions de la société*, par la société, dans le seul but de maintenir la confiance du public est dépourvu de toute sanction pénale.

« Mais si ce rachat a eu pour objet exclusif de faire surélever les cours, d'une façon factice et de provoquer une remise de fonds, l'article 405 du Code pénal pourra recevoir son application. Il est facile de prévoir le cas où l'escroquerie pourra être retenue. Nous admettons que des directeurs, gérants, administrateurs, membres du conseil de surveillance, possédant personnellement un grand nombre de valeurs de la société, aient conçu le projet de s'en défaire dans les meilleures conditions. Ils s'adressent à des intermédiaires, tout disposés à seconder leurs calculs. Ces derniers, avec les fonds qui leur sont avancés par la société elle-même, achètent tous les titres disponibles de la société qui se trouvent sur le marché.

« Ces achats, en bloc, faits sur une direction unique, ont pour résultat de surélever les cours. Les administrateurs profitent de cette hausse pour se défaire de leurs valeurs. Il y a là une escroquerie nettement caractérisée, une intervention de tiers, une manœuvre exécutée dans le but de faire naître l'espérance d'un événement chimérique, et comme cette manœuvre a été la cause de remises de fonds effectuées par les acheteurs, nous trouvons dans ce fait tous les éléments du délit de l'article 405 [1]. »

Si les achats fermes des actions d'une société, même lorsqu'elles ont pour effet de produire une hausse sensible sur les cours de ces valeurs, ne peuvent être considérés comme des manœuvres frauduleuses quand ils sont suivis du paiement, il en est autrement lorsque, comme dans l'espèce, l'achat a été suggéré à un tiers incapable de remplir ses engagements et que le marché n'a pu être réalisé que grâce à la complaisance de l'établissement financier dont le prévenu était directeur.

Dans ces conditions, les promoteurs des achats n'encouraient aucun risque; l'acheteur lui-même n'était pas exposé à exécuter le marché qui excédait ses ressources et le seul fait de la hausse subsistait, destinée à favoriser la vente d'actions du prévenu (Cass. 28 mai 1887, D. 1889, 2, 51.)

Ces principes s'appliquent aux *reports consentis dans le même but, par les directeurs ou administrateurs de la société* à des acheteurs qui ainsi, assurés de n'avoir pas à réaliser l'opération, poursuivront la hausse à outrance sur les titres de la société.

Ils s'appliquent aussi aux *ventes à prime des actions de la société opérées par ses propres représentants* pour ame-

---

1. Substitut Grandjean, *op. cit.*, p. 99 et 100.

ner une hausse factice et leur permettre de se débarrasser de leurs titres.

Cote fictive.

Pour le vulgaire, la qualité d'une valeur de Bourse
se mesure à sa cote. Grave erreur, disent les initiés, car
un titre excellent peut avoir un marché étroit, être coté
au-dessous de sa valeur et un titre très « poussé » peut
valoir en réalité beaucoup moins. Mais si le marché des
valeurs n'avait pour clients que les initiés, on pourrait
bientôt fermer les portes. Le public doit être protégé,
parce que c'est lui qui est sollicité pour les émissions,
les souscriptions, et les achats et les ventes en Bourse.
Et il sera toujours sollicité au moyen de la cote publiée
par un journal.

La cote du marché officiel, où les transactions sont
faites par ministère d'agent de change, donne des cours
authentiques, mais le plus grand nombre de valeurs se
traite sur le marché libre, ou *marché en banque*. Sans
doute, certaines valeurs admises à la cote du syndicat
des banquiers des valeurs à terme sont cotées sous le
contrôle de ce syndicat. De même des valeurs admises à
la cote des banquiers des valeurs au comptant. Mais il
y a des valeurs inscrites en banque, sur le marché libre,
absolument libre, sans contrôle et qu'il est bien difficile
de distinguer des autres. Les lanceurs d'affaires feront
aisément inscrire un cours sur les tableaux des feuilles
spéciales, soit en créant un cours par une transaction
entre compères, soit en payant au publiciste l'insertion
de la cote fictive.

La cote fictive n'est pas seulement un mensonge. Par son insertion dans un journal, par la publicité qui lui est donnée, elle est une manœuvre frauduleuse. Voici un jugement du tribunal correctionnel de Marseille (30 juin 1910, *Droit financier*, 1911, p. 553) dans lequel l'emploi de ce procédé est relevé, analysé et qualifié.

Le Tribunal ;

Attendu que la manœuvre frauduleuse la plus grave relevée dans le jugement de défaut à la charge de C... et de B... consiste dans le fait d'avoir obtenu l'insertion dans un journal financier de Paris, l'*Information*, d'une cote fictive, permettant de présenter au public les actions de la Banque de Marseille comme étant l'objet de négociations effectives et sincères et comme ayant bénéficié depuis leur émission d'une hausse constante et progressive ;

Attendu que les nouveaux documents produits aux débats ont pleinement confirmé les appréciations exprimées dans ledit jugement et fait nettement ressortir le rôle rempli par B... ;

Attendu que ce dernier recevait de C..., sinon tous les jours, du moins très fréquemment, des lettres, des fiches ou des télégrammes lui prescrivant de faire insérer une cotation au journal l'*Information* et qu'il exécutait ponctuellement ses instructions ; que c'est ainsi que les actions émises à 25 francs ont atteint des cours élevés et ont pu être vendues au prix de 62 francs à J. S..., 66 fr. 75 à M... et 71 francs à R... et R. B... ;

Attendu que le prévenu ne pouvait se méprendre ni sur le caractère fictif de ces cours, ni sur le résultat que C... attendait de cette cotation ;

Qu'en effet, à une lettre par laquelle B... l'avait sans doute avisé de l'impossibilité de placer les actions sur le marché de Paris, C... répondait dès le 9 novembre : « Vous aviez mal saisi ma pensée précédemment et m'indiquiez qu'il était presque impossible de placer du papier en Bourse. J'en étais bien pénétré moi-même et voulais simplement un cours permettant

de placer le papier en dehors par démarche directe en province » ;

Que C... lui écrivait encore, le 4 mars 1908 : « Ma lettre de
jeudi contenait une fiche de cours de 59 fr. 25 et 60 francs pour
l'*Information*. Je m'attendais à voir ce matin la rectification et
avoir fait hier une petite opération à 60. Venant de ravaler, je
tenais à prélever sur ce cours la commission de l'intermédiaire » ;
le 15 mars 1908 : « l'*Information* en attendant a traité et cotera
ce qu'on lui donnera. Je serais heureux de voir au moins l'*Information* coter pour commencer, non pour moi, car cela ne me
gêne nullement pour mon travail, mais pour certains intermédiaires *qui ont des clients rétifs jusqu'à la cotation* » ;

Que dans ses lettres à B... des 8, 10 avril, 4 juin 1908, particulièrement dans les deux premières, C..., faisant allusion à
certaines exigences du journal financier, indique nettement que
la cotation lui est indispensable pour le placement ; que dans un
télégramme du 30 juillet 1909, probablement en vue d'obtenir
plus sûrement une cotation qui pouvait lui être refusée s'il n'é
tait pas justifié d'une opération réelle sur les titres, il lui pres-
crivait de faire coter 57 pour le lundi suivant à l'aide d'une
opération fictive, c'est-à-dire « en faisant faire un achat chez un
courtier qu'il servirait » ;

Attendu que B..., en présence des ordres de vente qu'il recevait de l'agence de Toulouse et du résultat infructueux de sa
lettre du 31 décembre 1908 adressée au directeur de cette agence,
fit part à C... de l'insistance des donneurs d'ordres, dont l'un
notamment s'étonnait qu'on ne pût vendre au prix de 68 francs
qu'il avait indiqué, alors que l'*Information* cotait 71 francs ;

Qu'il reçut alors de C... une lettre (6 janvier 1909) dans laquelle il était dit textuellement : « Le mal est que l'*Information* n'ait pas coupé cours (*sic*) quand je l'ai demandé ; coupez
donc sans retard et écrivez à Toulouse que les ordres sont considérés comme inexécutables, faute de cours, et demandez si on
doit les conserver. Le solde des titres placés par ces lascars (sans
doute les agents de la succursale de Toulouse) n'est pas loin de
revenir sur le marché : il n'y a qu'à boucler » ;

Attendu que, dès reception de ces ordres, les cours étaient en effet coupés à l'*Information* et que le 8 janvier, B..., par une lettre adressée à l'agence de Toulouse, faisait connaître que les ordres ne pouvaient être exécutés faute de cours ;

Attendu, en outre, que pour laisser croire aux acheteurs que les titres qu'ils venaient d'acquérir avaient été réellement achetés sur le marché à Paris, B... leur faisait parvenir de Paris une sorte de bordereau indiquant le cours auquel l'opération avait été faite et mentionnant le coût de la commission, alors cependant qu'il savait que ce cours était fictif, que les titres livrés sortaient de la caisse de C... et n'avaient pas été achetés sur le marché ;

Attendu qu'ainsi que le tribunal l'a déjà constaté dans son jugement du 31 décembre 1909, ces agissements constituent les manœuvres frauduleuses à l'aide desquelles B... et C... ont obtenu les ordres des demandeurs et la remise de leurs fonds en faisant naître dans leur esprit la conviction que les titres de la Banque de Marseille avaient une valeur réelle, dont les cours avaient ainsi une marche ascendante et qui étaient l'objet de négociations sérieuses ;

. . . .

B... a été condamné pour escroquerie.

Le tribunal a fait de l'article 405 une application exacte et fort utile. L'escroquerie par cote fictive est funeste et dangereuse. C'est une manœuvre particulièrement grave que d'avoir obtenu l'insertion dans un journal financier d'une cote fictive afin de présenter au public des actions comme étant l'objet de négociations sincères et comme ayant bénéficié depuis leur émission d'une hausse constante et progressive. La jurisprudence se fixe en ce sens (Seine, Trib. corr. 30 mars 1909, *Rev. des Sociétés*, 1910, p. 20 ; Seine, 27 juil. 1910, aff. Rochette ; Paris, 17 fév. 1912, *Gaz. Trib.*, 29 août 1912 ; Rouen, 26 juil. 1912, aff. Rochette).

La Cour de Paris a condamné comme complice de

l'escroquerie le *gérant du journal financier* qui a inscrit à son bulletin des cours trop élevés sans avertir clairement ses lecteurs qu'il s'agissait de cours d'émission et non de négociation. Cet arrêt présente un très grand intérêt. En ce qui touche le gérant du journal, la Cour (9ᵉ Chambre corr. 17 fév. 1912, *Gaz. Trib.*, 29 août) s'exprime ainsi :

Considérant que la décision entreprise reproche à bon droit à cet appelant d'avoir inscrit à son bulletin des cours trop élevés des actions de la Fédération et de la Conservatrice, sans avertir clairement ses lecteurs qu'il s'agissait de cours d'émission et non de négociation ;

Considérant que D..., gérant du journal, soutient dans ses conclusions qu'il ne saurait être rendu responsable à titre pénal des conséquences de l'insertion de cours non contrôlés rentrant dans les pratiques courantes de la publicité financière ;

Mais considérant que D... ne peut invoquer sérieusement sa bonne foi ; qu'en effet, il prétend à tort qu'il ne s'est jamais occupé du placement des titres de la Conservatrice et de la Fédération, alors que, quelques jours avant d'avoir fait cette déclaration à M. Roy, commissaire de police, le 20 janvier 1905, il se préoccupait de se procurer de ces titres à 25 et 30 francs, sans doute pour les revendre 125 francs aux cours alors cotés dans son journal, page 11 *bis* ;

Considérant, en outre, que les directeurs de la Conservatrice et de la Fédération lui achetaient un grand nombre de numéros de son journal renfermant sa cote, dans le but évident de les remettre entre les mains de leurs correspondants ou courtiers chargés du placement des titres de ces sociétés ; que D... n'ignorait certainement point les agissements effectués dans le public à l'aide des exemplaires par lui vendus en grande quantité ;

Considérant qu'en 1904, il était de notoriété publique dans le monde de la banque que les actions de la Conservatrice, notamment, n'avaient point de marché et qu'on pouvait s'en procurer chez certains banquiers à des prix variant de 35 à 65 francs ; que D..., qui devait certainement connaître les prix réels de ces titres, les inscrivait à des cours supérieurs, faisant ainsi son œuvre propre de cette publication sans pouvoir se retrancher derrière une mention imprimée en petits caractères dans laquelle il déclinait toute responsabilité ;

Qu'il n'y a pas lieu non plus de faire état de la mention que les cours marqués d'un astérisque étaient des cours d'émission, mention qui d'ailleurs n'a figuré pour la première fois dans son journal qu'en décembre 1904, alors que déjà il savait qu'une enquête était suivie à l'endroit de la Fédération et de la Conservatrice par le parquet de la Seine ;

Considérant, d'ailleurs, comme l'établit le rapport de M. Roy, que D... n'est pas un simple entrepreneur de publicité ; qu'il s'intéresse personnellement à de nombreuses sociétés ; qu'il est, en réalité, un banquier achetant pour les revendre avec bénéfices la plupart des titres cotés dans son journal ;

Que D... s'est donc rendu complice, comme le déclarent les premiers juges, des escroqueries commises par les auteurs principaux en leur procurant les moyens de les commettre, sachant qu'ils devaient y servir.

Le pourvoi dirigé contre cet arrêt a été rejeté (Cass. crim. 10 janv. 1913).

Quand les circonstances sont moins graves, on peut relever à la charge des journalistes financiers un dol ou une faute[1].

Articles de journaux. Prospectus.

La rédaction des renseignements inexacts et mensongers répandus dans le public et qui ont induit des tiers à acheter des valeurs est une manœuvre frauduleuse

1. Voir chapitre X.

constitutive de l'escroquerie dont le journaliste qui a rédigé et le financier, inspirateur des articles, sont coupables. Il serait, en vérité, trop facile, que pour éviter les poursuites, le financier se contentât de faire insérer dans les prospectus une mention indiquant qu'il est étranger à leur rédaction.

La réclame par la voie de la presse est d'un effet si puissant sur l'épargne publique qu'elle ne sera jamais assez réprimée. Faire passer l'affirmation mensongère dans un journal, c'est se livrer à une manœuvre frauduleuse. Si l'article passe dans une publication politique ou littéraire, la bonne tenue de cette feuille donnera confiance au lecteur. S'il est inséré dans un journal financier, l'allure de cette feuille technique spéciale, où les bonnes valeurs sont placées sur le même rang que les mauvaises, où quelques noms honorables sont habilement placés en vedette, produira la meilleure impression. Mais il faut distinguer entre les affirmations sur l'avenir d'une affaire, la plus-value future des titres, qui ne sont étayées sur aucun document, sur aucun fait, et qui rentrent dans les exagérations coutumières du vendeur, et les affirmations appuyées de documents inexacts, ou sur un fait dénaturé ou simplement de l'autorité d'un technicien. Mensonges dans le premier cas, manœuvres frauduleuses dans le second.

La promesse d'un événement chimérique ne suffit pas, il faut un acte « pour faire naître l'espérance de cet événement » et, par exemple, des affirmations appuyées d'une mise en scène.

Citons parmi les faits extérieurs qui constituent des manœuvres frauduleuses :

1° Les formes diverses (brochures, journal, prospectus, bulletin de souscription) adoptées pour la publicité (Cass. 26 juin 1885, aff. Mary-Raynaud, D. 86, 1, 89; Cass. crim. 10 janv. 1913, *Gaz. Trib.*, 19 janv.);

2° Les exemples cités à titre de démonstration, les calculs techniques, les tableaux de capitalisation (mêmes arrêts);

3° Les caractères typographiques de dimensions particulières employés avec art, la disposition de mise en page, etc.;

4° Les rapprochements habilement combinés entre les valeurs les plus sûres du marché financier et celles que l'on offre au public. Il en est ainsi, alors surtout que les brochures, journaux, prospectus, bulletins de souscription sont adressés au public, gratuitement, périodiquement, avec une insistance sans cesse renouvelée et qu'ils constituent des provocations constantes contre lesquelles il est impossible de se garer (mêmes arrêts et affaire Rochette, chap. XIV);

5° La « *Petite correspondance* » avec noms et adresses des correspondants fictifs, qui paraît dans la feuille qui prône les valeurs. Par ce moyen, le financier fait croire qu'il a des clients, inspire confiance, et sous une forme qui retient l'attention, persuade, entraîne les volontés hésitantes.

D'après une opinion, il faut distinguer selon l'origine des publications. Si le journal est l'organe de la banque émettrice de la valeur et s'il ne dissimule pas son rôle, le lecteur est suffisamment averti et peut se méfier. Tant pis pour lui s'il accepte les promesses fallacieuses. Mais si les articles de réclame paraissent dans des journaux indépendants, sans attache apparente avec la banque, le lecteur doit être protégé, rien ne l'avertissant que cette publicité est mensongère.

Cette opinion a été exposée très nettement par M. le substitut Grandjean dans son étude sur « l'Escroquerie dans les sociétés par actions ». Elle est l'application du principe en vertu duquel on distingue le mensonge de la manœuvre frauduleuse, principe qu'un éminent commentateur de l'article 405, M. Garçon, expose en ces termes :

« Les mensonges écrits, comme les mensonges oraux et même les mensonges oraux réitérés par écrits et combinés avec eux, ne constituent aucune manœuvre frauduleuse. Ce principe est hors de toute controverse. Mais il est bien clair que la production de pièces ou documents écrits a, au contraire, ce caractère de manœuvres, lorsqu'ils viennent corroborer des allégations mensongères, leur donner une consistance extérieure et une force probante plus complète, leur fournir une autorité indépendante des affirmations personnelles de l'auteur de la fraude. »

« .....La manœuvre frauduleuse apparaît si l'écrit, la pièce ou le document émane ou paraît émaner d'un tiers dont le témoignage vient appuyer le mensonge et y ajouter le poids de l'autorité personnelle et en apparence désintéressée de ce tiers » (*Code pénal annoté*, art. 405, n°s 26 et 27). La jurisprudence paraît accepter cette distinction dans ses lignes générales.

Cette distinction suppose de la part du capitaliste sollicité une certaine instruction, l'expérience et l'habitude des affaires. Elle se trouve dans des arrêts de cassation (Cass. 31 mars 1884, 10 mars 1882, 2 fév. 1883, 24 juin 1883) rendus à une époque où les placements en valeurs mobilières n'étaient pas faits par tout le monde et par toutes les bourses.

Aujourd'hui les aigrefins de la finance s'adressent aux modestes paysans qui ont quelques économies, aux petits retraités qui cherchent à augmenter leurs revenus. Ces ignorants, ces naïfs ont besoin de la protection de la loi. Leur désir de faire fortune, leur espoir dans des gains extraordinaires n'en font pas des victimes moins intéressantes. La valeur des actions des grandes compagnies industrielles ou de chemins de fer a bien doublé et même quadruplé depuis l'origine! Pourquoi ces humbles n'espéreraient-ils pas avoir la chance que d'autres ont connue?

Aussi, même si on admettait la distinction, devrait-on reconnaître qu'elle ne s'applique qu'aux articles de presse contenant simplement des affirmations et des promesses, sans autre artifice ; mais si, dans son journal, le banquier appuyait son opinion de documents (articles, rapports, expertises) émanant d'un tiers, le mensonge se transformerait en manœuvres frauduleuses (Orléans, 22 mars 1910, aff. Marc Lapierre ; — Seine, aff. Zucco, 23 juil. 1912, *Gaz. Trib.*, 24 juil.). Le tiers qui intervient peut même n'être qu'imaginaire (ingénieur qui n'existe pas, clients fictifs à qui on s'adresse dans la « Petite correspondance »). Il y a manœuvre frauduleuse à faire intervenir un tiers, ce tiers fût-il imaginaire (Cass. 9 nov. 1901, D. 1902, 1, 235).

La publicité intéressée prêtée par un journal à une

société financière est une manœuvre frauduleuse constitutive de l'escroquerie, quand ce journal publie, de connivence avec les administrateurs, des articles mensongers, sans que rien ne révèle au public ses attaches avec la société (Bourges, D. 1889, 2, 49, cité par M. le substitut Grandjean, *op. cit.*).

« Les plus empressés parmi les journaux à trahisons lucratives sont quelquefois ceux dont la spécialité est de faire la guerre aux exploiteurs du peuple, dit M. de Foville. Lorsque cent gazettes de couleur diverse interrompent tout à coup leur querelle quotidienne, se mettent à paraphraser à l'unisson le prospectus du jour, les esprits avisés se méfient, mais les naïfs reprennent confiance. »

Agents de publicité. — Les intermédiaires qui se chargent de la publicité pour les affaires financières peuvent être coupables d'escroquerie, s'ils n'ignoraient pas le caractère mensonger des publications dont ils ont pris la charge.

Qu'ils aient traité à forfait ou qu'ils prélèvent un courtage sur les souscriptions, les organisateurs de publicité sont responsables au point de vue pénal et au point de vue civil (Cass. crim. 4 juil. 1874, *Bull.* n° 193) et dans la mesure où ils ont su qu'ils travaillaient à une œuvre de fraude et coopéraient à tromper le public.

« L'individu qui a *organisé* et *soldé la publicité* des énonciations mensongères doit être déclaré coupable de l'escroquerie *ou de la tentative* » (même arrêt).

La Chambre criminelle a nettement marqué la culpabilité de l'agent d'une société qui ne s'est pas borné à faire de mauvaise foi des publications fausses pour obtenir des souscriptions, mais qui en outre *a participé à des actes frauduleux, tels que traités ayant pour but d'acheter le concours de la presse.* Elle le déclare personnellement responsable, non seulement du délit spécial prévu par l'article 15 de la loi du 24 juillet 1867, mais encore du délit d'escroquerie.

Les faits reprochés à l'agent de publicité, dans cette affaire, sont très intéressants et l'arrêt les rapporte avec soin :

« Il ne s'agit pas seulement, dans la cause, du simple fait de publications fausses prévues par la disposition de la loi de 1867 (art. 15), mais d'un ensemble de machinations organisées pour tromper le public et *pour empêcher la vérité de se faire jour.* Le prévenu avait passé des *traités avec la plupart des journaux* de Paris et de la province pour s'assurer le concours de toute la presse par d'énormes sacrifices. Ces traités excluaient tout organe de publicité qui se permettrait une critique. *Les journaux qui tentaient de révéler la vérité avaient été achetés* ou réduits au silence par des menaces de poursuite ou des actions en dommages-intérêts » (Arrêt du 16 août 1873, *Bull.* n° 233).

Banquiers et démarcheurs.

Le banquier qui, de mauvaise foi, place les titres des sociétés fondées ou administrées de la manière que je viens d'indiquer, commet une escroquerie.

Il arrive aussi qu'un banquier est le véritable créateur

de sociétés fondées par ses hommes de paille et dont il cherchera à écouler les titres (v. aff. Rochette, chap. XIV).

Les banques se servent de démarcheurs.

Dans plusieurs décisions judiciaires, le mot « boniment » désigne les discours que les placiers et démarcheurs tiennent à leurs futures victimes. Quand le placier exerce son art par correspondance, il produit à l'appui de ses assertions des documents et fournit ainsi la preuve de la manœuvre frauduleuse. Ces documents sont souvent des éléments d'escroquerie à la charge de la société dont ils émanent (cote fictive, faux bilans, bénéfices fictifs, apports majorés).

Un procédé qui réussit auprès du public mal informé des habitudes d'une certaine presse financière, consiste à attaquer vigoureusement des entreprises, des banques, des sociétés et à recommander discrètement d'autres affaires.

La critique tapageuse et violente semble faite dans l'intérêt du public. Quand elle n'est pas le début d'un chantage, elle est destinée à faire passer l'éloge des valeurs que le journal a intérêt à offrir. L'affaire Marc Lapierre, jugée par la Cour d'Orléans, le 22 mars 1910, offre le type de ce genre de boniment : « Défendez votre argent », lisait-on dans la *Cocarde*, mais aussi : « On peut décupler son capital — Placement d'un grand avenir » — La Cour a jugé que des lettres missives contenant des affirmations mensongères destinées à faire acheter fort cher à des tiers des titres sans valeur ne constituent pas des manœuvres frauduleuses, mais que l'escroquerie est réalisée s'il est joint à ces lettres une notice et des journaux contenant des affirmations dont l'expéditeur connaissait le caractère tendancieux, erroné ou mensonger (*Droit financier*, 1912, p. 275).

La preuve de l'escroquerie est plus difficile contre le placier qui n'écrit pas et enlève le consentement du client de vive voix. C'est le triomphe du boniment, et le démarcheur qui connaît l'article 405 met tout son art à convaincre sans écrire. On trouve cependant des décisions qui ont atteint cette sorte d'escroquerie. Voici un arrêt de la Chambre criminelle (10 juin 1910, *Droit financier*).

En ce qui concerne le pourvoi formé par A... et par F...;

Sur le premier moyen du pourvoi pris de la violation des articles 1384 du Code civil, 405 du Code pénal, 413 du Code d'instruction criminelle, et du défaut de base légale, en ce que l'arrêt attaqué a déclaré les concluants responsables de faits non délictueux ne pouvant être qualifiés manœuvres frauduleuses pour persuader l'existence de fausses entreprises;

Attendu qu'il appert des constatations du jugement et de l'arrêt qui en a adopté les motifs, que, dans le courant d'août 1906, P... s'est présenté chez Poit., vieillard de quatre-vingt-six ans, demeurant à R... (Marne) et lui a affirmé que la rente française était un placement désastreux, menacé d'un effondrement prochain, à raison du projet d'impôt sur le revenu et qu'il convenait de s'en débarrasser au plus tôt; qu'il a ajouté qu'il pouvait lui procurer en remplacement et pour une valeur égale des titres de premier ordre et de tout repos; que pour convaincre Poit. il a eu recours à l'intervention de D... qui a insisté sur les dangers que présentait la rente française et sur les avantages qu'offraient les valeurs recommandées par P...;

Attendu que l'arrêt énonce qu'impressionné de la concordance des déclarations faites par P..., et D..., Poit. a, le 24 septembre 1906, consenti à signer un ordre de vente des titres de rente qu'il possédait et un bulletin d'achat de 63 obligations des « Editions Populaires de Guyot » qui lui ont été vendues

250 francs l'une, alors que leur valeur n'atteignait pas 150 francs; qu'il a, le 12 novembre 1906, souscrit au prix de 195 francs une obligation « Mutuelle de Paris » dont la valeur ne dépassait pas 85 francs; qu'enfin le 8 décembre 1906, D... et P... lui ont fait souscrire l'achat de 10 obligations des « Eaux de Forges-les-Bains »; moyennant 200 francs l'une, alors que le prix courant était de 70 à 95 francs;

Attendu que dans ces circonstances de fait souverainement constatées se rencontrent les éléments *constitutifs du délit d'escroquerie* : qu'en effet les allégations mensongères de P... concernant l'insécurité d'un placement en rente française et les avantages qu'offraient les valeurs qu'il recommandait, alors que, d'après les constatations de l'arrêt, il s'agissait de titres depréciés et difficilement vendables, ont été corroborées par les déclarations concordantes de D...; que l'intervention de ce dernier était de nature à donner force et crédit aux allégations mensongères de P...; qu'il y a eu ainsi emploi d'une manœuvre frauduleuse au sens de l'article 405 du Code pénal; que cette manœuvre frauduleuse a eu pour résultat de faire naître dans l'esprit de Poit. l'espoir d'acquérir, en remploi de la rente française qu'il vendait, des titres de premier ordre offrant même une sécurité plus grande; qu'il en résulte que l'acceptation des valeurs proposées par D... et P... n'a pas été librement consentie par Poit.; que cet acquéreur, trompé par la manœuvre frauduleuse exercée à son égard, *ne s'est décidé à traiter qu'en vue d'un evènement purement chimérique*, ce qui suffirait, alors même que les opérations ci-dessus indiquées n'auraient pas entraîné le préjudice considérable qui en est résulté pour Poit., à caractériser le délit prévu par l'article 405 du Code pénal;

Attendu que l'arrêt constate que D... et P... étaient les employés d'A... et de F..., qu'ils recevaient leurs ordres et agissaient d'après leurs instructions;

D'où il suit qu'en déclarant A... et F... civilement responsables des faits qu'il a, à bon droit jugés délictueux, commis par D... et P..., l'arrêt attaqué a exactement appliqué les articles visés au moyen.

Il résulte de cette décision de la Cour de cassation que :

1º Les allégations mensongères d'un banquier placier en titres, corroborées par les déclarations concordantes d'un tiers intervenant, constituent la manœuvre frauduleuse prévue par l'article 405 du code pénal ;

2º Les banquiers sont civilement responsables des délits commis par les démarcheurs à leur service. Quel intérêt les victimes auraient-elles à poursuivre des employés qui les ont trompées par leur boniment? Il faut citer les patrons, les financiers pour le compte de qui les escroqueries ont été commises. (Sur la responsabilité des préposés de compagnies ou sociétés, voir : Lyon, 1ᵉʳ fév. 1912, *Gaz. Trib.*, 7 sept.)

Mais, je le répète, les personnes sollicitées par les placiers de titres agiront prudemment en leur demandant des renseignements écrits, des documents. Si le démarcheur s'y refuse, c'est qu'il ne veut pas se compromettre et c'est donc que l'affaire ne doit inspirer aucune confiance.

Sociétés d'épargne. Sociétés de capitalisation. Sociétés mutuelles.

Certaines sociétés d'épargne et sociétés de capitalisation ne sont que des entreprises pour duper le public. Elles attirent par une participation aux tirages de valeurs à lots et pour une souscription modeste offrent la copropriété des millions que représentent des lots. Elles se sont récemment multipliées et ont donné lieu à de nombreuses poursuites.

Les entrepreneurs de ces escroqueries exploitent brillamment la naïveté des petites gens. Le *Bien Mutuel*, fondé par Pappalardo, était présenté comme une société civile d'épargne, ayant pour objet par la constitution et l'administration d'associations mutuelles, l'achat en commun de valeurs à lots et leur répartition en capital et accroissements divers y afférents. L'association était de dix ans, puis elle fut portée à vingt et un ans. Les versements étaient de 5 francs par mois; mais dès le premier versement on devenait copropriétaire d'un portefeuille qui à l'expiration de la société représenterait 610 millions.

Le tribunal correctionnel de la Seine (11ᵉ Chambre, 16 avril 1912) a jugé que l'entreprise ainsi présentée comme une sorte d'association en participation loyalement gérée n'était en réalité qu'une combinaison financière destinée à procurer aux gérants d'importants bénéfices; que le portefeuille initial, au lieu d'être acquis au moyen de souscriptions, provenait d'avances faites par les membres de la société de gestion; que l'institution d'un comité de surveillance qui était de nature à donner aux adhérents l'impression d'une administration sérieuse *n'a jamais existé*; que *les promesses faites étaient irréalisables*; que les numéros des titres inscrits sur les certificats remis aux adhérents ne reproduisaient pas exactement les numéros des titres en portefeuille, ce qui rendait impossible la vérification des lots sortis : « Par leurs *circulaires mensongères* adressées au public, par leurs statuts habilement rédigés qui affirment *faussement* l'existence d'un comité de surveillance, alors que le comité de gestion disposait sans contrôle du portefeuille, des cotisations et des coupons; par la promesse de copro-

priété des titres, par l'annonce de la participation *illusoire*
au tirage de 610 millions de lots, les prévenus, afin de
recueillir des souscriptions, ont fait une *mise en scène
ayant le caractère de manœuvre frauduleuse* pour persuader l'existence d'une *fausse entreprise*, d'un pouvoir ou
d'un *crédit imaginaire* et pour faire naître *l'espérance
d'un succès*. Ils se sont *ainsi rendus coupables du délit
d'escroquerie*. »

Les combinaisons du genre de celles que le tribunal
apprécie en ces termes se retrouvent dans les affaires
Zucco (Trib. corr. Seine, 23 juil. 1912, *Le Bien Social.
—* Paris, Chambre corr., 20 fév. 1912, *La Mutuelle nationale française*).

Zucco pratiquait cette escroquerie en grand. Le *Bien
Social*, « société civile d'épargne, association en participation », avait dans son conseil de surveillance, deux
ministres plénipotentiaires, un sénateur, un député. Il
offrait une participation à 300 millions de lots. Dix mille
adhérents représentant 6 millions de capitaux souscrits
furent recrutés. Il est vrai que la publicité coûta
600.000 francs. Journaux, prospectus, acticles de presse,
démarcheurs, toutes les ressources de la propagande
furent employées. A noter, en exemple, un procédé visé
par le tribunal. Le journal le *Bien Social*, organe officiel
de la société civile d'épargne, à la première page de son
numéro du 25 juin 1910 publiait, avec le titre *Consécra-
tion officielle*, une grande gravure représentant, sur une
estrade, un maire ceint de son écharpe et entouré de
plusieurs graves personnages. Il tient d'une main un
numéro du *Bien Social*, de l'autre une couronne. Il est
prêt à la poser sur la tête d'une jeune fille qui s'avance

en s'inclinant vers lui. Sous le dessin, la légende suivante : « Le conseil municipal... sur le désir exprimé par
M. le ministre de l'Intérieur, a converti la bourse annuelle
du prix de vertu en une inscription au *Bien Social*.
L'heureux bénéficiaire participe donc à la dispersion de
plus de 300 millions de francs de lots divers » (*Les
journaux*).

Cette *prétendue* citation de journaux, avec le dessin qui attirait l'attention, était de nature à *induire en erreur* bien des gens,
en leur faisant croire que le *Bien Social* avait reçu une consécra-
tion officielle, qu'il était prôné par le ministre de l'Intérieur et
que d'autres journaux en avaient déjà donné la nouvelle.

Et le tribunal conclut :

L'énorme publicité faite par Zucco, les mensonges habiles
qu'elle contient, le titre même de *Bien Social,* la présence d'un
prétendu conseil de surveillance contenant les noms de personnes pouvant inspirer confiance, le dessin décrit plus haut
avec sa légende, les artifices de rédaction des prétendus statuts
sont une combinaison de faits, un arrangement de stratagèmes,
une organisation de ruses, une machination ayant pour but et
pour résultat de donner créance au mensonge. Ces faits ont
ainsi le caractère de *manœuvres frauduleuses pour persuader
l'existence d'une fausse association d'épargne et faire naître
l'espérance chimérique de gains considérables* qui seraient obtenus par la voie du sort.

Les sociétés mutuelles qui cherchent à attirer des capitaux par des manœuvres frauduleuses, procèdent volontiers à une *émission d'obligations*. Les garanties promises
sont illusoires et les statuts sont rédigés dans des termes
qui ne permettent au souscripteur dupé aucun recours.
Mais il reste la poursuite devant le Tribunal correctionnel

(Jugement du Trib. corr. de la Seine, confirmé par la Cour de Paris, 17 fév. 1912, *Gaz. Trib.*, 29 août et Cass. crim. 10 janv. 1913).

III. — Escroquerie dans les opérations de Bourse.

Contre-partie frauduleuse.

Le banquier qui fait la contre-partie frauduleusement, prend les ordres de son client en lui faisant croire qu'il les porte sur le marché, et, en réalité, lui achète ou lui vend les titres, objet de la négociation. Le client a cru confier un ordre à un intermédiaire, alors que le prétendu intermédiaire s'est contenté de faire la contre-partie. L'intérêt du banquier, en faisant l'opération pour son compte, peut être de s'attribuer des cours plus avantageux que ceux qu'il aurait trouvés sur le marché. S'il s'agit d'une valeur nouvelle et qu'il cherche à placer, le banquier indiquera un cours fantaisiste et empochera l'argent. Les éléments de l'escroquerie se retrouvent dans ces opérations. D'abord, en se donnant comme intermédiaire, le banquier qui fait la contre-partie, prend une fausse qualité (Cass. 1er déc. 1901, *Gaz. Trib.*, 9 déc.; 16 fév. 1907, S. 1907, 1, 376; Douai, 24 avril 1912, *Gaz. Trib.*, 28 nov.; Cass. 23 janv. 1913, *Gaz. Trib.*, 2 fév.). Constitue l'usage d'une fausse qualité et le délit d'escroquerie, le fait par un banquier, d'une part, de se présenter à ses clients comme intermédiaire pour l'exécution des ordres de Bourse dont il fait la contre-partie à leur insu, en leur faisant croire, par la production d'avis d'opéré et de bordereaux mensongers, qu'il a régulièrement rempli son mandat, et, d'autre part, de se faire remettre, à l'aide de cette fausse qualité, des fonds et, notamment, des courtages qui sont purement imaginaires (Cass. crim. 28 avril 1911, *Gaz. Trib.*, 23 août 1911 ; Amiens, 24 avril 1912, *audience solennelle, sur renvoi — Gaz. Trib.*, 28 nov.).

On trouve la manœuvre frauduleuse dans la production de faux bordereaux ayant pour but de faire croire à une opération de Bourse qui n'a pas eu lieu (Paris, 25 janv. 1907, S. 1907, 2, III).

Le tribunal correctionnel de la Seine a jugé que le fait par un banquier de prendre la fausse qualité de mandataire pour l'exécution d'opérations de Bourse dont il se constitue secrètement contre-partiste, joint notamment au fait qu'il adresse à ses clients des bordereaux mensongers et majorés, constitue le délit d'escroquerie. Et le tribunal ne s'est pas arrêté à l'objection tirée : 1° de ce que les clients étaient des habitués des opérations de Bourse, donnant eux-mêmes leurs ordres et défendant leurs positions ; 2° de ce que les opérations quoique faites en contre-partie *ne leur ont causé aucun préjudice* (9 fév. 1911, *Gaz. Trib.*, 22 sept. 1911).

Les avis d'opéré et les comptes de liquidation fictifs ne constituent pas de simples mensonges écrits, lorsqu'il s'y est joint des machinations et des manœuvres destinées à faire croire à la réalité des opérations en Bourse.

Le banquier qui organise l'entreprise des opérations de contre-partie en se servant de compères est complice de l'escroquerie commise au moyen de la contre-partie occulte (Seine, 3 nov. 1911, *Gaz. Trib.*, 15 nov. et la note).

Il arrive que des banquiers marrons ne font même pas la contre-partie, et imaginent l'opération qu'ils présentent ensuite comme ayant été faite au Parquet ou en coulisse. C'est un moyen d'attirer les naïfs dans des spéculations à terme pour lesquelles l'escroc exige une importante couverture. Aux premières liquidations, le client gagne. Pour cela, le banquier n'a qu'à établir un compte de liquidation où il n'inscrit que des valeurs en hausse. Puis, aux liquidations suivantes, il inscrit des valeurs qui ont baissé, réclame au client le paiement de la différence et commence par se payer sur la couverture. Tout compte fait, il y a une perte énorme pour le client, et l'argent passe directement de sa poche dans la caisse de l'escroc.

Qu'il s'agisse d'opérations faites par contre-partie occulte ou d'opérations imaginaires, la ratification des comptes du banquier par les clients, dans l'ignorance du caractère fictif et frauduleux de ses opérations, est sans valeur (Cass. 28 avril 1911).

CHAPITRE IV

ACTION EN JUSTICE. PROCÉDURE
PRESCRIPTION

Moyens pour atteindre l'auteur de l'escroquerie.

La victime de l'escroquerie a plusieurs moyens pour atteindre l'auteur du dommage qu'elle subit :

1° Adresser une plainte au Procureur de la République. Sur cette plainte, le Parquet peut demander au plaignant de consigner une somme pour les frais de l'affaire (dans le cas d'expertise, la consignation est presque toujours nécessaire);

2° Saisir directement le juge d'instruction en se portant partie civile. C'est, à Paris surtout, le procédé le plus rapide;

3° Citer directement devant le Tribunal correctionnel. Dans ce cas, l'affaire est *entre parties*. L'instruction est faite à l'audience. On peut obtenir une expertise officieuse, mais il faut se passer des pouvoirs de recherche et d'investigation qui appartiennent au juge d'instruction.

L'exercice de l'action publique, née du délit d'escroquerie, n'est pas subordonnée à la plainte de la partie lésée. *Cette action peut être intentée d'office par le Ministère public.* La poursuite ne saurait même être entravée

par une transaction sur l'action civile et le désintéresse-
ment de la victime. Dans une affaire célèbre [1], on a
pensé que des poursuites seraient impossibles tant qu'on
n'aurait pas trouvé un plaignant. On s'est trompé. Il est
certain que l'escroc peut être poursuivi sans que ses victimes se plaignent et même sans qu'il y ait eu un préjudice causé, puisque la tentative d'escroquerie est un
délit comme l'escroquerie consommée.

Union des victimes pour une action commune.

Pour lutter contre les escrocs des affaires financières,
il est souvent utile que les intéressés forment une action
commune afin de réunir les preuves et les arguments et
afin de diminuer les frais.

Le législateur a prévu cette situation pour les actionnaires de sociétés en commandite et anonymes. Des
actionnaires représentant le vingtième au moins du
capital social peuvent, dans un intérêt commun, charger
à leurs frais un ou plusieurs mandataires de soutenir,
tant en demandant qu'en défendant, une action contre
les membres du conseil de surveillance, ou contre les
administrateurs, et de les représenter, en ce cas, en justice, sans préjudice de l'action que chaque actionnaire
peut intenter individuellement en son nom personnel
(loi de 1867, art. 15 et 39).

Et puis, des actionnaires peuvent se grouper pour la
défense de leurs intérêts. Ils pourraient avoir un mandataire (Cass. 26 mars 1878, D. 78, 1, 303).

1. Affaire Rochette, voir chap. XIV.

Selon les circonstances, l'action en justice, qui est motivée par les actes délictueux ou quasi-délictueux des administrateurs, intéresse toute la société et pourrait par exemple être exercée par le syndic, ou elle intéresse certains actionnaires.

Sans examiner ici les caractères de *l'action sociale* et de *l'action individuelle* [1], notons que, dans presque tous les cas de manœuvres frauduleuses pratiquées par les administrateurs, une action individuelle appartiendra aux actionnaires lésés. Même si la société a souffert d'un dommage né de l'escroquerie commise par un administrateur, l'actionnaire peut avoir éprouvé un dommage personnel et particulier du fait de ce même délit.

Ainsi la distribution de bénéfices fictifs est à coup sûr une fraude qui atteint la société ; mais cette distribution peut amener de nouveaux actionnaires à acheter des titres et leur causer un préjudice personnel.

Citons encore parmi les faits délictueux dont les actionnaires pourront demander réparation soit individuellement, soit en groupant leurs revendications : les manœuvres frauduleuses par prospectus et rapports mensongers qui ont provoqué une hausse des titres ; les annonces mensongères faites par les administrateurs, avec l'approbation de la société, et qui ont attiré des souscripteurs, lors de l'augmentation du capital.

L'approbation des actes incriminés, votée par une assemblée générale ne met pas obstacle à l'exercice d'une action individuelle.

____

1. Voir chapitre X.

Compétence.

Le tribunal compétent pour juger un délit est le tribunal du lieu où le délit a été commis. Mais que décider si les manœuvres frauduleuses ont été accomplies dans un lieu et si la remise a été effectuée dans un autre? Il pourrait y avoir deux tribunaux compétents (Garçon, *Code pénal annoté,* nᵒ 163).

Cependant, il n'y aurait aucun doute sur la compétence du tribunal du lieu où le délit aurait été consommé, par la remise des valeurs, obligations, décharge, etc. (Cass. crim. 13 mars 1913).

Preuve.

Il s'agit d'un délit et tous les modes de preuve sont admis.

Si le juge de répression, appelé à statuer sur un fait civil préexistant au délit dont il est saisi, est tenu de se conformer aux règles de la loi civile, il n'en saurait être de même lorsque le fait civil et le délit, notamment le délit d'escroquerie, s'identifient et se confondent. Il en est nécessairement ainsi quand, loin de préexister au délit, le mandat, aussi bien que la remise consécutive de fonds ou de valeurs, a été déterminé lui-même par l'un des moyens énumérés dans l'article 405 du Code pénal. La preuve testimoniale est toujours admise en matière d'escroquerie (Cass. 18 août 1904, S. 06, 1, 57).

Pénalités.

L'article 405 punit l'escroquerie d'un emprisonnement d'un an au moins et de cinq ans au plus et d'une amende de 50 francs au moins et de 3.000 francs au plus.

Le coupable pourra être, en outre, à compter du jour où il aura subi sa peine, interdit pendant 5 ans au moins et dix ans au plus des droits mentionnés en l'article 42 du Code pénal.

Prescription de l'action.

L'escroquerie étant un délit, l'action publique est prescrite au bout de trois ans. Si depuis les faits constitutifs du délit trois ans ont passé, sans qu'un acte interruptif de la prescription se soit produit, l'escroc est à l'abri de toute poursuite.

Point de départ du délai de trois ans. — Le délai ne commence à courir que du jour de la remise des valeurs, sommes d'argent, etc... escroquées, qui consomme le délit, car le délit n'est pas complet tant que ne s'est pas réalisé le dernier acte qui en fait une escroquerie.

La prescription commence à l'acte qui a achevé le délit.

Exemple : Les manœuvres frauduleuses des fondateurs d'une société ont amené certaines personnes à souscrire des actions. Le délit n'existe que par la souscription effectuée. Le point de départ de la prescription ne sera pas la date de la publication ou de l'envoi des prospectus mensongers.

De même pour les acquisitions de titres faites au cours de l'existence de la société. Elles ont été déterminées par des manœuvres frauduleuses qui existaient peut-être depuis l'origine de la société. Mais ces manœuvres ont eu pour but d'amener le public à acheter les actions. Elles n'ont produit leur effet, et le délit n'aura été formé que par la vente de ces actions à certaines personnes qui en auront versé le prix.

S'il n'y a eu qu'une *tentative,* le point de départ de la prescription sera la dernière manœuvre mise en usage, considérée comme un commencement d'exécution.

Actes interruptifs. — La prescription de l'action publique est interrompue, en matière criminelle et correctionnelle, par des actes de poursuite ou d'instruction, c'est-à-dire par un acte de l'autorité qui a pour mission de réprimer les délits et les crimes. *Une plainte ne suffit pas à interrompre la prescription.* Il faut que le Procureur de la République suive sur cette plainte. Il faut un acte d'instruction. Ou bien il faut un acte de poursuite de la part de la victime qui citerait directement devant la justice. Les actes par lesquels le ministère public exerce l'action publique, et les actes par lesquels la victime, partie civile, met l'action publique en mouvement, interrompent la prescription. Mais on n'attribue ce caractère ni aux dénonciations ou plaintes, ni aux réserves faites par le Parquet de poursuivre, puisqu'elles ne mettent pas l'action publique en mouvement.

La prescription de l'action publique n'est pas interrompue par une enquête officieuse ouverte sur une plainte adressée au Procureur de la République, même si cette enquête a été faite par un commissaire aux délégations judiciaires. *Elle n'est interrompue que par une information régulière* (Paris, 22 fév. 1912; *Rec. Gaz. Trib.*, 1912, 2, 228).

Effets de la prescription. — La prescription éteint et l'action publique et l'action civile. Elle empêche la répression du délit et la réparation du préjudice. Pour l'une et pour l'autre de ces deux actions, si différentes pourtant, la prescription a le même point de départ, le jour de l'infraction; elle a la même durée, dix ans pour les crimes, trois ans pour les délits, un an pour les contraventions. « Cette assimilation est difficile à justifier, car la prescription de l'action civile étant fondée sur l'inaction prolongée du créancier, la prescription de l'action publique, sur l'oubli présumé de l'infraction après un certain temps, il semble qu'il serait plus rationnel de soumettre l'une aux règles du droit civil et l'autre à celles du droit pénal. D'autant plus que l'unité, établie par la loi entre les deux prescriptions, conduit à cette conséquence singulière, que pour avoir violé tout à la fois la loi pénale et la loi civile, l'agent d'un fait dommageable se trouve dans une situation plus favorable au point de vue de la prescription, que s'il avait seulement porté atteinte à des intérêts privés. En effet, tandis que dans le premier cas, l'action en dommages-intérêts, à laquelle il est soumis dure un an, trois ans ou dix ans, elle dure uniformément trente ans dans le second; de sorte que la durée de la prescription est souvent en raison inverse de la gravité du fait dommageable » (Garraud, *Droit pénal*, II, n° 539).

Ce principe a été et est vivement critiqué. Il a pour lui la précision des textes et de bien mauvaises raisons. N'a-t-on pas soutenu pour l'expliquer que le législateur a voulu, dans l'intérêt général, faire de la partie lésée qui est la première informée de l'infraction et mieux en état que toute autre d'en désigner l'auteur, l'auxiliaire le plus actif de la justice et que, dans ce but, il déclare l'action civile non recevable, si cette action est exercée après l'expiration des délais, relativement courts, fixés pour la prescription de l'action publique! Cela peut se soutenir s'il s'agit d'un crime de sang, de coups ou de blessures, d'un acte unique, brutal, mais quand il s'agit d'un délit comme l'escroquerie, dont les éléments sont nombreux, et dont les effets ne sont aperçus que longtemps après qu'il a été commis, trois ans pour la victime ce n'est rien, et même dans la plupart des escroqueries sur entreprises financières, c'est à peine si au bout de trois ans, la victime aperçoit l'escroquerie, en saisit les éléments de façon à pouvoir se plaindre. Les escrocs de la finance ne l'ignorent pas et tous leurs efforts tendent, une fois le coup fait, à atteindre le terme bienheureux de la prescription. Songez donc, après trois ans, le tribunal correctionnel et l'audience du tribunal civil sont fermés pour les malheureux qui ont été escroqués.

L'auteur du délit ne profitera pas seul de cet avantage. Les personnes civilement responsables de l'infraction pourront aussi invoquer la prescription. Si, par exemple, un banquier s'est servi d'un employé pour escroquer ses clients, de telle sorte qu'il ne soit pas coupable aux yeux de la loi pénale, ses victimes à qui on opposerait la prescription, quand elles poursuivront l'auteur du délit, ne pourraient pas assigner devant le tribunal civil, le patron, véritable auteur et bénéficiaire de l'escroquerie.

Mais cet effet de la prescription ne doit pas dépasser les limites fixées par les principes et très nettement marquées par la Cour de cassation :

Les prescriptions établies par les lois criminelles s'appliquent aux actions civiles en responsabilité d'un dommage, toutes les fois que ces actions ont *réellement* et *exclusivement* pour cause un crime, un délit ou une contravention (Chambre civile, 18 déc. 1912, *Gaz. Trib.*, 22 janv. 1913).

DEUXIÈME PARTIE

LA DEMI-ESCROQUERIE

Il arrive qu'on fait une mauvaise affaire parce qu'on s'est trompé. On a attribué à la chose (marchandises, immeubles, valeurs de Bourse) plus de valeur qu'elle n'en avait. On ne peut s'en prendre qu'à soi, mais il arrive qu'on subit un préjudice par la négligence ou l'imprudence d'un intermédiaire (notaire, courtier) ou de ceux qui administrent l'affaire dans laquelle on est entré (administrateurs de sociétés). C'est un principe de notre droit que tout fait de l'homme qui cause à autrui un dommage, oblige celui par la faute duquel il est produit, à le réparer (art. 1382 du Code civil). Enfin, il peut arriver que vous ayez été trompé par celui avec qui vous traitiez, ou par l'intermédiaire qui vous a engagé dans l'affaire. Cette tromperie peut avoir les caractères de l'escroquerie, mais si elle est moins forte, moins prononcée, si elle ne rentre pas dans la définition de l'article 405 du Code pénal, la victime sera-t-elle sans recours? Non. Le tribunal correctionnel ne sera pas compétent, mais il reste le tribunal civil.

Le Code civil a prévu la tromperie qui n'est pas l'escroquerie, qui est l'escroquerie à un moindre degré, la demi-escroquerie, et il la réprime nettement. J'appelle demi-escroc celui qui cherche à se faire remettre tout ou partie de la fortune d'autrui par des moyens frauduleux, mais qui échappe à la répression pénale. Il commet ce que la loi civile nomme le dol. Or, le dol est pernicieux, à ce point qu'il vicie les conventions qu'il a préparées. Cherchons d'abord à définir et à distinguer ce genre de tromperie. Nous verrons ensuite que dans des circonstances souvent négligées, il serait utile de profiter des dispositions de la loi qui le condamnent.

CHAPITRE V

DÉFINITION DU DOL (DEMI-ESCROQUERIE).
SES CARACTÈRES

On appelle dol toute tromperie commise dans la conclusion des actes juridiques (Planiol, *Code civil*, 1901).

D'après l'article 1116 du Code civil, le dol supposerait l'emploi de manœuvres. *Le dol est une cause de nullité de la convention, lorsque les manœuvres pratiquées par l'une des parties sont telles qu'il est évident que, sans ces manœuvres, l'autre partie n'aurait pas contracté* (art. 1116).

Le dol ressemblerait donc fort à l'escroquerie. Ce délit ne pourrait se commettre qu'au moyen du dol. Il n'en serait qu'une espèce, une variété.

Faut-il distinguer la *fraude* du dol? Ces mots semblent des synonymes. On les emploie, l'un et l'autre, pour désigner tous les cas que n'a pas prévus le Code pénal et dans lesquels il y a eu appropriation de la fortune d'autrui en employant des artifices répréhensibles. Certains auteurs appellent fraude, la tromperie simple, sans manœuvre et enseignent qu'elle ne suffit pas pour vicier le contrat. D'autres admettent qu'un simple mensonge, une tromperie verbale suffit à constituer le dol quand il réussit à tromper la victime, et ne distinguent pas le dol de la fraude. Cette opinion permettrait à la victime d'une dissimulation, d'un mensonge, de se réclamer des dispositions rigoureuses de l'article 1116 du Code civil.

Dans tous les cas, on ne saurait exiger des manœuvres frauduleuses dans le sens de l'article 405 du Code pénal. La tromperie suffirait, c'est-à-dire la manœuvre qui enveloppe et dissimule le mensonge sans qu'elle soit un acte extérieur qui s'y ajoute. On doit admettre que le mensonge écrit, dans certaines circonstances, sera la tromperie constitutive du dol. Car c'est trop se hâter d'apprécier les conventions en usage dans les affaires, à notre époque, que de dire que la loi n'a pas à protéger les victimes des demi-escrocs et que les dupes n'ont qu'à se montrer moins naïfs. Et c'est aussi mal connaître le caractère des entreprises industrielles et financières qui sollicitent les capitaux partout, d'un continent à l'autre et qui doivent être crues sur leurs affirmations, sous peine de n'arriver jamais à leurs fins. On dit : mais les capitalistes n'ont qu'à se renseigner avant de souscrire. Et comment le feraient-ils ? Comment un modeste bourgeois qui a quelques économies pourrait-il savoir si l'emprunt d'un état du Sud-Amérique présente en effet les garanties qu'il annonce, ou si une mine de la province de Huelva (Espagne) offre des perspectives d'avenir? Peut-il vérifier l'état de l'exploitation, la teneur du minerai? Évidemment non. Sans sortir de son pays, si une société immobilière, faisant une émission, affirme qu'elle a dans son actif tel immeuble, le capitaliste devra-t-il vérifier le titre de propriété?

Ces vérifications sont impossibles. S'il était nécessaire d'y procéder, aucune affaire ne trouverait en temps voulu les capitaux nécessaires à sa marche. En attaquant le mensonge par écrit, le mensonge qui trompe le souscripteur aux sociétés anonymes, on ne protège pas que l'épargne, on protège les affaires sérieuses qui ont besoin que leurs déclarations fassent foi en quelque sorte, et leur donnent les concours financiers dont elles ne peuvent se passer. Et d'ailleurs, le mensonge dans le but d'attirer des souscriptions, n'est-il pas un délit (loi de 1867, art. 15)? Comment lui refuser le caractère de dol, au point de vue civil!

Il est utile de distinguer le dol de la *faute*.

On doit entendre par dol les procédés déloyaux, les ruses et artifices employés par l'un des contractants contre l'autre.

Lorsque l'une des parties contractantes a subi un préjudice et que ce préjudice est le résultat de manœuvres déloyales, il y a eu dol.

Tout ce qui a été dit au sujet des manœuvres frauduleuses dans l'escroquerie, s'applique ici à un moindre degré (Bédarride). Mais, pour qu'il y ait dol, il ne suffit pas qu'un préjudice ait été causé par la faute de quelqu'un, il faut que le préjudice soit le résultat de machinations, d'actes contraires à la bonne foi.

La *faute* consiste dans une négligence ou une imprudence qui cause un dommage, *sans que l'auteur ait eu l'intention de nuire*.

Le dol est une tromperie, un acte réfléchi qui tend à induire en erreur la personne dont on veut tirer un avantage. Certaines décisions judiciaires désignent sous ce nom, la faute très lourde dont l'auteur serait responsable, faute qui serait « assimilable au dol ». Il ne paraît pas possible d'assimiler une tromperie, c'est-à-dire un acte malhonnête, produit volontairement, à une négligence, si grave soit-elle.

Les Romains appelaient dol « la finesse accompagnée de déguisements ou de dissimulation par laquelle on parvient à cacher ce qu'on ne veut pas laisser voir, ou à faire entendre autre chose que ce qu'on a dans l'esprit ». C'était cette finesse subtile qu'on nomme proprement *astuce*, et comme cette astuce qui produit le dol peut s'exercer sur un objet indifférent ou même honnête et bon, aussi bien que sur une chose répréhensible ou nuisible, les Romains distinguaient deux espèces de dol : *dolus bonus*, le dol bon ; *dolus malus*, le dol mauvais (Toullier).

Le *dol bon*, c'est celui que nous employons pour défendre et protéger nos intérêts propres ou ceux d'autrui. La simulation n'est point réprouvée par la loi lorsqu'elle a un but licite. Quoique notre langue ne connaisse pas l'expression de *dol bon*, la chose existe dans l'usage et il y a des déguisements et des simulations permis.

Le dol est visé dans plusieurs articles du Code civil, mais cette étude pratique faite au point de vue général ne peut comprendre les situations réglées par les articles 1151 (débiteurs de mauvaise foi), 1255 (créanciers de mauvaise foi), 1307 (tromperie par mineur), 807 et 1477 (dissimulation par l'héritier ou l'époux commun en biens).

Mon dessein est d'étudier :

1° Le dol commis dans une convention au préjudice de l'un des contractants, soit avant le contrat, soit au moment du contrat, pour l'induire ou l'entretenir dans une erreur sans laquelle il n'eût pas contracté ;

2° Le dol par lequel, sans contracter avec elle, on détermine une personne à faire une chose contraire à ses intérêts afin d'en profiter ou d'en faire profiter un tiers.

CHAPITRE VI

1° LE DOL DANS LES CONVENTIONS, SES EFFETS, SANCTIONS DE LA LOI

Le dol, dans les contrats, consiste dans toutes manœuvres antérieures ou concomitantes à la convention (Cass. req. 3 mai 1899, S. 1899, 1, 312).

La convention est viciée et pourra être annulée si les manœuvres ou artifices ont été de nature à faire illusion, s'ils ont déterminé à contracter. A moins de gravité exceptionnelle, née des circonstances, le mensonge seul n'est pas le dol. Il ne suffit pas que le vendeur vante sa marchandise, lui attribue des qualités qu'elle n'a pas. Aussi bien, presque toujours, le mensonge est-il appuyé de documents qui lui donnent de la force et surtout dispensent une personne même prudente d'aller aux renseignements. On a dit avec raison : « Ce qui caractérise le dol positif par paroles, c'est la réunion du mensonge, rendu probable par les documents qui l'appuient et le corroborent. »

Il faut aussi que le dol ait occasionné un préjudice. *On sait que cette dernière condition n'est pas exigée pour l'escroquerie.* Le délit existe en dehors d'un préjudice.

L'analyse des éléments du dol amène à une classification : dol *substantiel* et dol *accidentel*.

Le dol est *substantiel* ou *principal*, lorsqu'il a pour objet de tromper sur l'une des conditions essentielles du contrat, de créer une erreur sans laquelle il est évident que la partie n'aurait pas traité. Les manœuvres à l'aide desquelles on est parvenu à égarer le consentement sont les plus fréquentes. Il y a dol sur le consentement toutes les fois que la volonté de traiter n'a pas précédé le contrat, qu'elle n'est née qu'au moment du contrat et qu'elle n'est que la conséquence de l'erreur résultant de manœuvres frauduleuses employées pour la faire naître.

Il est difficile, et d'ailleurs sans intérêt, de distinguer le dol s'exerçant sur le consentement, du dol s'exerçant sur l'objet du contrat. Si les manœuvres ont eu pour but de persuader l'existence de l'objet du contrat, lequel n'existait pas, la convention est nulle puisqu'elle est sans objet, mais la plupart du temps, il y aura erreur sur les qualités de l'objet parce que les vices de l'objet, ses défauts auront été dissimulés — c'est donc le consentement qui aura été faussé — par ce mensonge, par cette tromperie. Dans cette hypothèse, le dol peut être *négatif*, et résulter de la dissimulation frauduleuse du vice dont la chose est atteinte.

On peut dire qu'il y a dol négatif, toutes les fois qu'il y a mensonge, dissimulation ayant pour but de mettre l'autre partie dans l'impossibilité de défendre ses intérêts, ou de calculer l'étendue de son obligation relativement à l'équivalent qu'elle doit recevoir.

Le dol peut être *positif*, c'est-à-dire tendre à la certitude d'un fait n'ayant jamais rien eu de réel ou ayant cessé d'exister au moment même où il est affirmé. Exemple : une société minière affirme qu'il y a sur le carreau un stock de minerai de telle importance et que dans la mine on a pu cuber telle quantité — alors qu'en réalité, il y a sur le carreau une quantité notablement inférieure et que la mine est épuisée.

Le dol *accidentel* ou *incident* s'exerce sur une des conditions accessoires du contrat.

D'après l'interprétation la plus restrictive de l'article 1116, le fait de l'un des contractants de dissimuler ou d'atténuer les défauts de la chose qui est l'objet de la convention ou de lui attribuer des qualités qu'elle n'a pas, ne constitue pas un dol si ce fait n'a été accompagné, ni de moyens frauduleux employés pour induire l'autre partie en erreur, ou pour l'empêcher d'examiner la chose, ni d'affirmation précise, présentant un caractère exceptionnel de tromperie (Aubry et Rau).

Effets du dol.

Le dol entraîne la nullité du contrat qu'il vicie. L'article 1116 du Code civil exige deux conditions pour que l'action en nullité du contrat soit recevable.

Il faut que le dol ait été pratiqué par l'une des parties contractantes et qu'il ait déterminé le consentement de l'autre partie. Si la convention a été signée en dehors des manœuvres pratiquées et sans qu'il en ait été tenu compte, elle reste valable, car elle n'est pas viciée dans son origine. Aux termes du Code civil, l'action en nullité est recevable s'il est évident que sans les manœuvres dolosives on n'aurait pas contracté. Le dol doit avoir été la cause déterminante de la convention.

Mais la rescision du contrat n'est pas la seule sanction. Si, malgré la rescision, un dommage subsiste pour la victime du dol, il y aura lieu de demander la réparation du préjudice causé. Le demi-escroc supportera donc et la rescision du contrat et la condamnation à payer des dommages-intérêts.

Les dommages-intérêts sont le seul mode d'indemniser la victime si la rescision est impossible, ce qui se produit lorsque l'objet du contrat est une chose mobilière qui est passée aux mains d'un acquéreur de bonne foi.

Le dol *incident* ou *accidentel* qui ne s'exerce que sur une des conditions de la chose qui fait la matière du contrat, n'est pas, en général, un motif suffisant pour faire prononcer la résiliation du contrat.

S'il n'affecte pas la substance du contrat, il n'entraîne pas la rescision de la convention et donne lieu à l'allocation de dommages-intérêts au profit de la partie lésée (Baudry-Lacantinerie et Wahl, I, 116, 116).

Cependant, dans le cas même où il n'a porté que sur les conditions accessoires du contrat, le dol incident est une cause de nullité, s'il paraît certain que, sans les manœuvres, la partie qui en a été victime, n'aurait pas contracté (Huc, VII, n° 37).

Nous verrons quel parti les victimes du dol et même d'escroquerie pourront tirer de ces dispositions du Code civil.

2° DOL COMMIS PAR UN TIERS, SES EFFETS, SANCTIONS DE LA LOI

Comme le précédent, il a pour effet de déterminer une personne à faire une chose nuisible, funeste et qu'elle n'aurait pas faite si on ne l'avait pas trompée. mais ici l'auteur de la tromperie n'est pas partie au contrat. Il cherche à entraîner dans une affaire, qui profite à un autre et dont il profitera aussi par une rémunération qu'il recevra s'il réussit dans son œuvre d'intermédiaire sans scrupule.

L'intermédiaire, c'est le mal de l'époque, le microbe du monde des affaires et l'espèce pullule à Paris et en province.

Tout ce qui a été indiqué pour les caractères du dol, et son action sur le consentement reste exact si le dol est commis par un tiers. Il n'y a de différence que dans les sanctions.

Les manœuvres par lesquelles un tiers aurait déterminé l'une des parties à contracter et auxquelles l'autre partie est restée étrangère, ne peuvent motiver une demande en nullité du contrat et ne donnent ouverture qu'à une action en dommages-intérêts contre ce tiers.

Une demande en dommages-intérêts pour le préjudice causé est la seule sanction contre le tiers auteur du dol. Mais ce dernier n'est souvent qu'un démarcheur, un intermédiaire. Il agit pour le compte d'un autre, bénéficiaire de la convention, qu'il lui a fourni le moyen de duper et lui a promis une récompense (courtage, commission) s'il réussit. Si on prouve cet accord, il y aura deux actions contre les coupables de dol : 1° action en rescision du contrat contre la partie qui a participé indirectement aux manœuvres frauduleuses et a fait agir sur le consentement de l'autre partie; 2° action en réparation du préjudice contre l'auteur des manœuvres.

La demande en réparation du préjudice sera très intéressante lorsque le bénéficiaire principal de la tromperie ayant disparu, la victime ne trouve plus en face d'elle que l'intermédiaire. Exemple : Les démarcheurs d'une banque ont placé les titres d'une affaire fondée sur la demi-escroquerie. Les fondateurs et administrateurs disparaissent ou se rendent insolvables, mais la banque existe qui a amené des souscriptions. Elle sera responsable si elle a sciemment trompé le public, soit en répétant les mensonges imaginés par les promoteurs de l'affaire, soit en imaginant d'autres tromperies pour entraîner ses clients à souscrire.

Quelques exemples d'application pratique de ces principes en montreront mieux les effets.

CHAPITRE VII

EXEMPLES DE DEMI-ESCROQUERIES

On doit considérer comme dol punissable toute espèce de manœuvre, de finesse, d'artifices, employés pour entraîner ou entretenir une personne dans l'erreur qui la détermine à une convention ou à un acte préjudiciable à ses intérêts.

Le dol dégénère en délit, lorsque les manœuvres qui le constituent atteignent une gravité telle que l'ordre public exige autre chose que l'annulation du contrat avec dommages-intérêts.

Ces principes étant admis, toutes les variétés d'escroqueries que j'ai passées en revue, pourraient figurer ici, en atténuant la gravité de la tromperie et de la fraude employées.

Cette revue serait inutile. Voici cependant quelques espèces qui suffiront à montrer comment la demi-escroquerie doit être réprimée, et comment la loi civile atteint comme dol ce que la loi pénale n'a pu atteindre comme escroquerie.

Acte authentique.

Le dol vicie radicalement les conventions même passées par acte authentique. L'acte authentique ne fait foi jusqu'à inscription de faux que des faits constatés par l'officier public et qui se sont passés en sa présence. Si le consentement et les déclarations de l'une des parties ont été obtenues par dol, la nullité de la convention s'ensuivra et pour justifier sa demande tendant à cette fin, la partie lésée pourra user de tous les modes de preuve, même de simples présomptions. La doctrine et la jurisprudence sont constantes sur ce point.

Il a été jugé aussi que la foi due aux actes authentiques n'empêche pas que les déclarations qu'ils contiennent soient discutées soit par les tiers, soit même par l'une des parties. Ainsi, malgré les énonciations d'un acte authentique, qui mentionne que les fonds ont été comptés à la vue du notaire, les héritiers du vendeur sont admis, sans recourir à l'inscription de faux, à prouver que cette numération n'a été qu'un simulacre et que leur auteur n'a pas en réalité reçu la somme (Cass. req. 31 mai 1900, S. 1901, 1, 27). Dans cette affaire, l'acquéreur s'était borné à emprunter, d'une banque, pour quelques jours, une somme de 15.000 francs qu'il produisit devant le notaire, mais qu'il restitua après à la banque sans avoir rien versé au vendeur.

Autre exemple : dans un arrêt de la Cour de cassation, rendu sur pourvoi formé contre un arrêt de la Cour de Grenoble (Cass. req. 3 mai 1899, S. 1899, 1, 312).

Par acte sous seing privé du 18 mars 1895, les demoiselles G... avaient vendu à C... fils, leur propriété immobilière, sous la réserve de transformer cette convention en un acte authentique et avec faculté pour chacune des parties de se dédire moyennant le versement d'une somme de 1.000 francs. Le lendemain, un acte sanctionnant l'accord des parties était définitivement passé dans l'étude de Mᶜ B..., notaire à Grenoble. Mais il fut établi que ce nouvel acte, destiné à remplacer le sous seing privé de la veille, avait été le résultat d'une série de manœuvres dolosives par C... en vue d'obtenir la signature des demoiselles G... Notamment C... avait éloigné les contractantes des parents ou conseils qui pouvaient les éclairer et sauvegarder leurs intérêts. Il les avait effrayées sur l'issue d'un procès qu'elles soutenaient contre un de leurs voisins, en leur disant que l'avocat de leur adversaire les avait « écrasées » et que leur défenseur n'avait rien dit. En somme il les avait trompées audacieusement en affirmant des faits mensongers et en frappant ainsi leur esprit déjà très troublé par le souci de ce procès et il est certain que les demoiselles G... n'avaient consenti que sous l'empire des manœuvres dolosives de C...

La Cour de cassation conclut ainsi :

« Attendu qu'en déduisant de cet ensemble des faits que le consentement des demoiselles G... n'a pas été donné librement, et en annulant l'acte passé dans de telles conditions, l'arrêt attaqué n'a violé aucune des dispositions légales invoquées ;

« Rejette le pourvoi. »

Accidents du travail.

Le bénéfice de la loi sur les accidents du travail ne peut être invoqué dans le cas où le contrat de louage d'ouvrage est vicié par le dol de l'ouvrier qui, pour échapper à un règlement de chantier interdisant l'embauchage d'ouvrier n'ayant pas atteint un âge déterminé, s'est présenté comme ayant dépassé cet âge et a corroboré ce mensonge par une fausse indication de son état civil, en se faisant inscrire sous un faux nom (Paris, 21 juil. 1900, S. 1901, 2, 97). En pareil cas, le patron ne sera responsable d'un accident que s'il a commis une faute c'est-à-dire dans les termes du droit commun et non en vertu du contrat de travail.

Fraudes pour attirer des capitaux dans une affaire.

Afin d'obtenir une commandite ou une souscription, certains individus présentent des comptes inexacts sur l'affaire qui doit recevoir les capitaux, et se livrent à des manœuvres pour entraîner le consentement du bailleur de fonds dont ils ont besoin.

La Cour de Paris (24 juin 1905) a reconnu les caractères du dol et appliqué les dispositions de l'article 1116 du Code civil dans une affaire que la Cour de cassation a eu à examiner et qu'elle a jugé dans les termes suivants, en rejetant le pourvoi formé :

La Cour : Sur le premier moyen, pris de la violation des articles 1109, 1116, 1352. 1384 du Code civil, des règles de l'appel, de la chose jugée et du contrat judiciaire, excès de pouvoir et violation de l'article 7 de la loi du 20 avril 1810 ;

Attendu qu'il résulte des déclarations souveraines du jugement dont les motifs ont été adoptés par la Cour de Paris (24 juin 1905) que pour entraîner le consentement du défendeur éventuel, Weissmann et Kahn lui communiquèrent, ainsi qu'à G... père, un bilan manifestement et sciemment inexact ; que les deux demandeurs susnommés ont colludé avec les deux autres, les frères A. et L. Olschanski, et que, par suite, d'une connivence coupable, ils ont substitué à ces derniers le défendeur éventuel, en lui faisant endosser une ouverture de crédit par eux précédemment souscrite ; qu'ils ne recherchaient point, dans la personne de G... un employé susceptible de rendre à leur maison de commerce d'utiles services, mais un bailleur de fonds complaisant dont la mise de fonds les dégagerait d'autant ; que le susnommé n'a été amené à entrer dans cette maison, tant comme employé intéressé que comme associé, que par suite de manœuvres dolosives concertées entre Weissmann et Kahn d'une part, et les frères Olschanski, d'autre part ; qu'il est de toute évidence que si la production d'un bilan mensonger et les fausses indications fournies par les demandeurs ne l'avaient point trompé sur la véritable situation commerciale de la maison Weissmann et Kahn, G... n'aurait contracté ni avec ces derniers, ni avec les frères Olschanski ; qu'il est constant, d'ailleurs, qu'étant donnés son âge, son inexpérience et sa confiance mal placée dans la bonne foi des demandeurs, il devait nécessairement être trompé ;

Attendu que dans les motifs qui lui sont propres, la Cour d'appel déclare, en outre, qu'il est résulté pour elle des faits et documents de la cause, que les actes litigieux ont été concertés entre tous les demandeurs au point de vue des effets que ces actes devaient produire au détriment de G... ; que les manœuvres frauduleuses employées contre ce dernier constituaient un délit civil, puisque l'intention et la volonté préméditée en faisaient partie intégrante et nécessaire, et que le jugement a d'ailleurs tiré de ces faits leurs légitimes conséquences ; Attendu qu'en considérant ces faits comme constitutifs de la faute et du dol, l'arrêt attaqué, loin de violer les textes invoqués à l'appui de la première branche du moyen, n'a fait, au contraire, de ces textes, qu'une exacte application.

Sur le deuxième moyen, sans intérêt (Cass. req. 27 fév. 1906, D. 1907, 1, 252).

Constituent des manœuvres dolosives, susceptibles d'entraîner la nullité du consentement qu'ils ont déterminé, les actes des représentants d'un syndicat de garantie contre les accidents du travail qui, *pour provoquer des adhésions aux statuts* revisés du syndicat transformé, ont dans plusieurs circulaires successives, indiqué mensongèrement que la transformation du syndicat était nécessitée par sa prospérité et pressé les adhésions aux nouveaux statuts de se manifester avant la date de l'expiration de l'ancien syndicat sous peine d'être tardives (Rennes, 5 déc. 1910, D. 1911, 2, 211).

Vente mobilière.

Une vente de vins a été conclue par l'acheteur sur la foi d'une correspondance engagée avec le vendeur dont les lettres étaient signées d'un nom imaginaire, — dans l'espèce « comte de L... » — signature destinée à corroborer l'allégation (contenue dans une précédente circulaire également signée « comte de L... ») qu' « il s'agissait d'une vente faite par un propriétaire de vins récoltés sur son propre domaine ».

L'acheteur, « trompé par ces procédés mensongers » et croyant à l'existence réelle du « comte de L... », n'a passé le marché qu'à raison de la personnalité de son prétendu vendeur. Après de semblables constatations, dit la Cour de cassation, c'est à bon droit que la Cour de Montpellier conclut à l'inexistence de la vente (Cass. req. 12 nov. 1912).

Il y a dol entraînant nullité de la convention, de la part de celui qui a amené un tiers à contracter un achat en lui produisant une lettre qui, par une indication mensongère, attribuait une majoration de valeur à l'objet vendu (Cass. req. 9 nov. 1910, D. 1910, 1, 528).

Le fait du vendeur qui a eu dans son écurie un *cheval* rétif et qui, après l'avoir vendu une première fois, a été obligé de le reprendre, d'avoir dissimulé avec soin à son nouvel acheteur l'existence de ce vice, en affirmant même, lors de la vente, que ce vice n'existait pas et en promettant, quant à ce, sa garantie, constitue une manœuvre dolosive susceptible d'entraîner la nullité du marché (Trib. Bordeaux, 16 mars 1908, D. 1909, 2, 217).

Contrat d'édition.

Un éditeur peut être considéré comme n'ayant donné son consentement à un traité d'éditions de manuscrits prétendûment anciens que sous l'influence de manœuvres dolosives, s'il résulte des circonstances de la cause : 1° que l'éditeur a été amené par les termes mêmes de la convention, à croire qu'il se rendait acquéreur de droits exclusifs sur des manuscrits anciens, qui, en réalité, n'étaient que des documents déposés et catalogués à la bibliothèque nationale ;

2° Que le plus important de ces manuscrits a été représenté par l'autre partie comme étant l'œuvre d'un écrivain célèbre, alors que cette attribution était très contestable ;

3° *Qu'un tiers, se disant libraire-éditeur,* est intervenu pour déterminer la partie victime de ces manœuvres, à signer le traité en lui faisant concevoir des espérances chimériques (Cass. 31 déc. 1901, S. 1902, 1, 399).

Vente d'un immeuble.

Une vente d'immeubles peut être annulée pour dol, quand l'une des parties a attiré chez elle, loin de ses conseils habituels, l'autre partie, d'un âge fort avancé et lui a fait signer l'acte de vente préparé d'avance en la laissant dans l'ignorance de ce qu'elle signait et en retenant les deux exemplaires de l'acte (Cass. req. 13 déc. 1875, D. 76, 1, 176).

Notons cependant une curieuse décision de la Cour d'Amiens, d'après laquelle le fait de la part de celui qui met une propriété en vente, d'avoir inséré dans des annonces des énonciations même mensongères, ne constitue pas par lui seul, si blâmable qu'il soit, une manœuvre constitutive de dol, les annonces imprimées, manuscrites ou affichées, n'étant jamais considérées comme l'expression exacte de la vérité.

(C. Amiens, 14 fév. 1876 ; Cass. 29 nov. 76, S. 77, I, 49.)

Effets de commerce.

Si, sur la plainte d'un tiré, qui prétend que les traites par lui souscrites sont sans effet et ont été obtenues d'une manière frauduleuse, une instruction correctionnelle en escroquerie contre le bénéficiaire de la traite a été close par une ordonnance de non-lieu, les tribunaux civils ou commerciaux peuvent néanmoins rechercher à l'aide des preuves légales si les sommes portées sur les traites ont été réellement versées et si le tiré doit en opérer le remboursement. En matière commerciale, cette preuve peut être administrée à l'aide de présomptions et circonstances graves précises et concordantes, qui démontreront *la mauvaise foi* du porteur de traites. Cette preuve peut notamment résulter des interrogatoires passés par le mari de la femme porteuse de la traite dans la procédure correctionnelle close par l'ordonnance de non-lieu, alors que la fraude et la connivence de la femme résultent de l'ensemble des faits et des documents de la cause (Rouen, 3 nov. 1909, *Rec.*, p. 257).

Assurances.

Un *agent de la Cie d'assurance* le M..., afin d'obtenir de sa compagnie une plus forte commission sur la prime, avait affirmé aux dames B..., propriétaires d'un immeuble loué, qu'il était inutile qu'elles déclarassent qu'elles n'avaient aucun recours contre leurs locataires en cas d'incendie. Et il affirmait faussement que le règlement d'un sinistre survenu à un immeuble assuré dans ces conditions venait d'être fait par la compagnie à un sieur L..., sur une police similaire. Les dames B..., trompées par cette fraude, signèrent la police et s'exposèrent ainsi à la déchéance résultant de ce qu'elles n'avaient pas fait la déclaration exigée par la compagnie. On doit voir dans les mensonges et les manœuvres de l'agent d'assurance, les éléments d'un dol (Cass. req. 20 nov. 1905, S. 1906, 1, 124).

Contre-partie dissimulée.

Si, en principe, un compte arrêté entre les parties *et même exécuté*, ne peut pas, aux termes de l'article 541 du Code de procédure civile, faire l'objet d'une révision, il n'en est ainsi qu'autant que le compte a été signé et que le paiement a été effectué en parfaite connaissance de cause. Mais, si l'un des signataires *a été trompé par l'autre* sur la nature des opérations liquidées, spécialement en matière de jeu de Bourse, si les opérations ont eu lieu par contrat direct, tandis que le donneur d'ordres croyait qu'elles se faisaient en coulisse, le règlement et le paiement qui a suivi ne lui sont pas opposables, et il peut demander la nullité des opérations et la restitution des sommes ou effets par lui remis.

(Caen, 6 mai 1907, *Rec. de Caen*, 1908, p. 53.)

Divers.

La Cour de Rennes a annulé une convention pour cause de dol, parce que le bénéficiaire de l'obligation avait provoqué l'ivresse de l'autre partie dans le but d'obtenir d'elle un consentement que, sans cette circonstance, elle n'eût pas donné. Le contrat était d'un caractère tellement insolite qu'il n'aurait pas été consenti par un homme ayant l'usage complet de la raison (Rennes, 6 juin 1881, D. 81, I, 248).

Une *transaction* consentie à forfait pour une certaine somme par le commanditaire d'une société en liquidation, est à bon droit rescindée à raison de la découverte de l'immixtion d'un autre commanditaire dans la gestion de la société, laquelle immixtion a été dolosivement dissimulée lors de la transaction (Cass. 25 oct. 1898, S. 1900, 1, 410).

CHAPITRE VIII

AFFAIRES FINANCIÈRES.
DÉLITS PRESCRITS. ÉLÉMENTS DE DOL

Dans les différents faits de fondation et d'administration des sociétés, il semble qu'avec l'escroquerie et les délits spéciaux prévus par la loi de 1867, il n'y ait pas place pour le dol. Le mensonge, le simple mensonge n'est-il pas puni? (art. 15, § 1er, loi de 1867). La poursuite pour demi-escroquerie ne serait donc utile que contre les intermédiaires, les démarcheurs, les placiers de titres. Elle présentera cependant un très grand intérêt à l'égard des fondateurs et administrateurs de sociétés chaque fois que le délit d'escroquerie ou les délits de la loi de 1867 seront prescrits.

Ces délits se prescrivent par trois années et fréquemment les victimes des affaires financières arrivent trop tard pour obtenir justice.

Une réforme est réclamée par les criminalistes qui ont été à même de constater l'impuissance des tribunaux répressifs en face de fraudes et d'escroqueries évidentes. Elle consisterait à faire courir la prescription de trois ans, quand il s'agit de délits commis en matière de sociétés anonymes, non pas à partir de la perpétration de l'acte délictueux, mais à partir de sa constatation. Les financiers véreux qui commettent des fraudes peuvent presque toujours soutenir ces affaires à la Bourse pendant les trois ans nécessaires pour prescrire l'action publique. C'est pour eux une question d'argent ou plus simplement un habile emploi d'audace, de ruses, de marches et de contre-marches pour éviter de répondre aux actionnaires inquiets.

Trois ans, c'est bien court quand il s'agit d'une affaire et surtout d'une affaire montée en société anonyme. Les lanceurs auront facilement crédit pendant les premières années.

L'affaire est nouvelle. Les installations ne sont pas terminées, l'outillage n'est pas complet; c'est même pour achever les installations et perfectionner l'outillage qu'on a fait appel au public. L'argent est versé, mais ne sait-on pas qu'il faut acheter les machines, les expédier, les placer. Et puis, il y a la mise en train, la clientèle à solliciter, les marchés à préparer. Un an, deux ans passent. L'affaire donne des résultats peu brillants. Malgré qu'on ait grossi plusieurs comptes de l'actif, il y a des pertes sensibles.

L'assemblée générale est convoquée discrètement et légalement. Cependant un actionnaire interroge. Le président donne des renseignements vagues. Il les donne pour être agréable à l'actionnaire, car l'ordre du jour ne porte pas la question posée. L'actionnaire entend-il critiquer ou discuter les comptes? Non. Eh bien! c'est l'approbation des comptes qui est soumise à l'assemblée générale. Cependant on peut dire que l'affaire est en bonne voie. Il y a eu des difficultés au début. Les installations étaient terminées et l'exploitation devait donner

des résultats intéressants, mais une mauvaise direction
a failli tout compromettre et la société a dû changer le
directeur. Le nouveau directeur arrivé depuis quelques
semaines, a dû d'abord étudier les travaux faits. Il a
envoyé un rapport, demandant que l'administrateur
délégué vienne pour examiner la situation avec lui, sur
place.

Aussi bien dans son rapport ne détruit-il pas les espérances des fondateurs? Est-il leur complice ou leur compère? Non, mais il a signé un traité avec le conseil d'administration parce qu'il croyait l'affaire assez bonne. Son
optimisme est surtout fait de la crainte de s'être trompé.
Il constate que son prédécesseur n'a rien fait, que des
travaux sont nécessaires, qui demanderont du temps.
L'actionnaire écoute et n'insiste pas. Lui aussi est optimiste, et son optimisme est fait du désir ardent de ne pas
s'être trompé, car s'il vendait ses titres, il perdrait 75 %.
Il vote l'approbation des comptes, parce qu'il comprend
bien que cela ne changerait rien à la marche de l'affaire,
s'il ne votait pas, et il se retire non pas inquiet, mais
soucieux et mettant sur le compte des événements, des
circonstances, ce qui, en vérité, n'est que la suite de l'escroquerie.

L'actionnaire porteur de dix ou vingt actions qui as-
siste aux assemblées générales, est une exception. La
majorité des assemblées générales, excepté pour les
grandes sociétés, est constituée par quelques gros porteurs, ou par des mandataires. Les actionnaires qui ont
vu les avis insérés dans les journaux spéciaux et ont pris
la peine de déposer leurs titres en vue de l'assemblée,
ont donné le maximum d'effort qu'on peut attendre d'eux.

Ils ne se dérangeront pas. Ils envoient un pouvoir au siège social, laissant en blanc le nom du mandataire, qui devra les représenter et surveiller leurs intérêts. Ils auraient mieux fait de ne pas se déranger du tout! Leur mandataire sera un administrateur ou un de leurs amis. Et le pauvre actionnaire aura grossi le nombre des voix qui approuveront les actes de ses pires ennemis — je veux dire de ceux qui ont préparé sa ruine.

La prescription de trois ans est le salut du financier coupable d'escroquerie, mais coupable d'une demi-escroquerie, d'un dol, il sera pendant dix ou trente ans obligé de répondre à la demande en justice formée par sa victime. Un procès, avec la publicité de l'audience, même un procès civil est toujours redouté par des hommes qui ont peu de scrupules, mais beaucoup d'amour-propre et qui ont besoin d'une réputation convenable. Oseront-ils faire plaider que les faits, qui ont causé le dommage dont on se plaint, ne sont que l'escroquerie qualifiée maintenant dol pour les besoins de la cause? Ils n'iraient pas jusqu'à avouer l'escroquerie même pour profiter de la prescription de trois ans. Et se défendre par ce moyen, même en prenant soin de déclarer que les faits dont on est accusé sont faux, c'est avoir attitude piteuse et qui fâcheusement impressionne.

Après trois ans, plus d'escroc. Eh bien! il reste le demi-escroc, c'est-à-dire l'être que le Code pénal ne punit pas, ne peut plus punir, mais qu'il faudra bien que la justice juge, si les victimes savent l'amener devant le prétoire.

Il reste le tribunal civil. Il reste l'action en rescision, pour cause de lésion ou de dol. Il reste la demande en réparation du préjudice causé par la faute d'autrui.

Laissons le délit. La prescription, bonne fille, lui sou-
rit. Il y avait escroquerie ou infraction à la loi sur les
sociétés. N'en parlons plus. Nous sommes en face d'un
ci-devant prévenu. Ne rappelons pas son titre pénal, mais
tout de même, cet honnête homme de par la loi, a traité
avec moi, il a prétendu me lier par une convention, et
obtenir certains avantages. Cette convention est-elle
nette, pure de tout dol ou de toute fraude? C'est à voir.

Qu'on ne s'y trompe pas. Toute action qui ne tire pas
son origine *exclusive* de l'infraction, reste soumise à la
prescription ordinaire. Sans doute, si la partie lésée, pour
échapper à la prescription pénale, se contente d'apporter
devant le tribunal civil les éléments du délit, sans le
nommer, il y aura là une qualification inexacte qui ne
serait pas admise par les juges. Ce serait un procédé
trop facile d'éviter les effets de la prescription. On ver-
rait alors ce curieux spectacle, d'un défendeur s'écriant :
« Pardon, les faits qu'on me reproche et à raison desquels
on demande des dommages-intérêts sont des escroqueries. Je les ai commis, j'ai été escroc, mais je ne le suis
plus. La prescription me couvre, donc ne donnez pas audience aux demandeurs. » Cette protestation serait immo-
rale, mais absolument légale. Contre d'aussi impudents
joueurs, on procédera autrement.

Les trois ans sont passés. A quoi bon rechercher et
réunir les éléments de l'escroquerie. Mais il y a, à coup
sûr, dol ou fraude dans les accords.

CHAPITRE IX

ACTIONNAIRES ET OBLIGATAIRES VICTIMES D'UN DOL

Celui qui a été entraîné à un acte juridique (exemple : souscription d'actions ou d'obligations) par le mensonge caractérisé, la tromperie, la fraude, peut demander la rescision de la convention et des dommages-intérêts pour le préjudice causé :

L'action en rescision se prescrit par *dix ans*, et l'action en réparation du dommage par *trente ans*.

La rescision ne peut être obtenue si la personne avec qui la victime du dol a traité n'est pas l'auteur direct ou indirect de ce dol, mais des poursuites pour obtenir des dommages-intérêts seraient alors utilement exercées contre le véritable auteur de la tromperie.

A raison de la situation juridique de l'actionnaire, il faut examiner deux hypothèses :

1er cas. — L'actionnaire ou l'obligataire a été entraîné à souscrire ou à acheter par des manœuvres dolosives ;

2e cas. — L'actionnaire ou l'obligataire subit un préjudice par un fait de tromperie pendant qu'il fait partie de la société.

Ier CAS. TROMPERIE SANS LAQUELLE L'ACTIONNAIRE OU L'OBLIGATAIRE N'AURAIT PAS SOUSCRIT, NI ACHETÉ.

A) Le souscripteur a traité directement avec la société ou ses fondateurs.

La souscription, qui est une convention par laquelle on s'oblige et on reçoit certains avantages, a été obtenue par des promesses mensongères, un exposé inexact de l'affaire, des ressources de l'entreprise, etc..., etc... Ce qui a été écrit dans le chapitre III sur l'escroquerie dans les opérations financières pourrait être repris ici en tenant compte de ce qui peut séparer la demi-escroquerie du délit d'escroquerie.

Tromperie au sujet des apports et au sujet de l'actif de la société.

L'importance des apports, leur valeur, le prix avantageux auquel la nouvelle société les acquerra est un élément de succès pour une souscription.

La majoration des apports est certainement un acte frauduleux, c'est plus qu'un simple mensonge, puisqu'elle aura été dissimulée par une série de manœuvres (notices inexactes — rapports tendancieux — déclarations volontairement erronées dans les assemblées constitutives).

Il y a fraude, soit parce que la chose apportée n'existe

pas, soit parce qu'elle n'a pas les qualités ou l'évaluation qu'on lui a attribuées. Exemples : — L'apporteur exploitant ou locataire d'une mine, dit qu'il en est propriétaire. L'apport consiste uniquement en une promesse de vente dont le prix est encore dû.

— L'apport (rémunéré par des actions représentant le capital social) se compose d'immeubles achetés peu avant la constitution de la société et dont le prix, devenu une charge sociale, n'a été payé qu'à l'aide d'un emprunt contracté par la société.

— Les notices de souscription annoncent qu'une quantité considérable de minerai est sur le carreau de la mine. En réalité l'extraction n'a pas commencé.

— Des marchés ont été passés pour la vente des produits. — Il n'y a eu que des pourparlers.

— Il y a une concession, mais qui est accordée à des conditions importantes qui sont passées sous silence.

— L'objet de la société est l'exploitation d'un brevet, mais ce brevet est sans valeur (Cass. 13 fév. 1907, S. 1910, 1, 38) et les fondateurs ne l'ignoraient pas.

Ces fraudes, qu'elles affectent la constitution des apports ou l'établissement de l'actif, ont pu entraîner la souscription à des actions ou leur achat. Elles se trouvent dans un grand nombre de sociétés. Une société ayant pour objet l'exploitation de gisements de pétrole en Roumanie se donnait comme propriétaire. Renseignements pris, elle n'était que locataire d'une partie des terrains.

La tromperie peut porter aussi sur le prix payé aux apporteurs, lorsque, pour une part dissimulée aux souscripteurs, ce prix a été versé à des intermédiaires. L'évaluation des biens apportés se trouve faussée par cette tromperie.

L'approbation donnée aux apports et aux avantages particuliers par l'assemblée générale ne fait pas obstacle à l'exercice ultérieur de l'action qui peut être intentée pour cause de dol ou de fraude (loi du 24 juil. 1867, art. 4, § 7). Aussi bien, la nullité de la délibération et par suite de la société pourrait-elle être demandée. Les manœuvres frauduleuses ont servi à obtenir des souscriptions, elles ont entraîné aussi le consentement des actionnaires qui ont approuvé les apports. La fraude vicie la souscription des actions et l'approbation des apports (Cass. 13 fév. 1907, S. 1910, 1, 38). Il est exact que l'approbation des apports par la seconde assemblée constitutive, après que leur valeur a été vérifiée dans les formes légales, est définitive et sans recours, mais sauf le cas de dol ou de fraude (jurisprudence constante : V. Cass. 3 janv. 1900, S. 1900, 1, 321 et les références, et a *contrario* Cass. req. 12 nov. 1902, S. 1905, 1, 14).

Simulation de souscriptions ou de versements. Publication de faits faux.

Ces fraudes sont visées et punies par la loi de 1867, (art 15, §§ 1 et 2). Il peut être intéressant de porter des faits de ce genre devant le tribunal civil afin de demander la rescision d'une souscription et des dommages-intérêts. Rien ne s'oppose à ce que la victime assigne

l'auteur du dommage en procédant de cette façon. On sait
que les délais très courts de la prescription pénale ne
lui laisseront trop souvent que ce mode d'action judiciaire.

Distribution de dividendes fictifs.

Même observation. Ce mensonge, ce dol a pu déterminer l'achat d'actions ou la souscription à une augmentation de capital.

En somme, pourront être annulées et donner lieu à
l'allocation de dommages-intérêts les souscriptions ou
achats d'actions, obtenus au moyen de prospectus
mensongers, de rapports inexacts sur la situation de la
société, de la publication de faux bilans, ou de la distribution de dividendes fictifs (Amiens, 7 avril 1911, *Gaz.
du Palais*, 25 août 1911 et la note). Et ce n'est pas seulement parce qu'un préjudice lui a été causé, que la victime de la fraude peut demander justice (art. 1382 du
Code civil), mais parce que son consentement a été
surpris (art. 1116 du Code civil.)

A la vérité, certaines décisions, tout en appliquant
les principes, n'indiquent pas nettement cette distinction.
Elles ne prononcent pas l'annulation des souscriptions ou
achats faits sous le coup de la fraude; elles ordonnent
que le prix versé sera remboursé aux acheteurs trompés.
Elles ne visent pas le dol, elles visent l'erreur, les
inexactitudes.

Mais peu importe. Il faut pourtant en retenir que des
mensonges, des déclarations erronées, figurant par
exemple dans les rapports d'un conseil d'administration

ou des commissaires de surveillance d'une société, pourront donner lieu à une action en responsabilité contre
leurs auteurs. Voici un arrêt de la Cour de Douai (30 mars
1905, *La Loi* du 24 mai 1905) qui statue sur des faits de
cette nature.

Attendu que M... est possesseur de 64 actions du Comptoir
d'Escompte de Valenciennes, savoir 18 achetées en 1893, 19 en
1891, 25 en 1880, et 2 dont il a hérité en 1878; qu'il en demande
le remboursement aux administrateurs et commissaires de surveillance de ladite société, lesquels l'auraient amené à faire ces
achats *en le trompant sur la véritable situation du Comptoir de
Valenciennes,* et, d'autre part, seraient responsables à raison de
leur mauvaise gestion de la perte qu'il a subie;

En ce qui concerne les 19 actions achetées le 12 septembre
1891.

Attendu qu'à tort les premiers juges ont exonéré les défendeurs de toutes responsabilités de ce chef; qu'en effet, le rapport du Conseil d'administration lu par M. F..., à l'assemblée
générale du 8 mars 1891, et le rapport fait par le commis-
saire-vérificateur B... à cette même séance, pour rendre compte
de l'exercice 1890, ont présenté la situation de la société comme
meilleure qu'elle ne l'était en réalité;

Qu'il y était déclaré que la réserve s'élevait à 300 000 francs,
chiffre statutaire; que les bénéfices étaient de 10.700 francs et que
les actionnaires recevraient 6 % à titre d'intérêt et dividendes,
tandis que si les créances mauvaises avaient été appréciées à
leur véritable valeur, le bénéfice apparent aurait été absorbé
ainsi que la réserve, et que le capital social aurait été lui-même
entamé dans une assez forte proportion; que les actionnaires,
il est vrai, étaient avertis que si une somme de 30.000 francs
seulement était affectée aux créances litigieuses, c'était afin de
permettre de distribuer un dividende et de sauvegarder ainsi le
bon renom de la société; mais que, dans leur ensemble, ces
rapports étaient de nature à induire M... en erreur et l'ont
engagé à acheter au cours de 400 frs 44, frais compris, les 19 ti-

tres dont il réclame le remboursement; que les actions du Comptoir de Valenciennes avaient été émises au capital de 500 francs sur lequel 300 francs restaient à verser, de sorte que, tout compte fait, M... a acheté pour 400 francs environ des actions de 500 francs, que cette différence entre la valeur nominale et le prix d'achat n'est pas telle qu'on puisse considérer M... comme un spéculateur, acquérant à vil prix une valeur aléatoire, susceptible de compenser, par l'importance des bénéfices possibles, les chances plus probables de perte totale; que s'il a acheté à ce prix, c'est qu'il a eu confiance dans l'avenir de la société et *a été amené à cette confiance par les déclarations faites à l'assemblée générale* de 1891; qu'il a donc droit de demander à A. D..., J. D..., Ch. F..., J. G..., M..., G. G...-N..., alors membres du conseil d'administration, Ch. B..., commissaire de surveillance, ou à leurs héritiers ou représentants, le remboursement des 7.608 fr. 36 formant le montant de son achat du 12 septembre 1891; que les six défenseurs ci-dessus dénommés doivent être tenus solidairement au regard de M..., à raison de leur faute commune et par parties égales, dans leurs rapports entre eux, leur responsabilité étant la même; que leurs héritiers, car il en est parmi eux qui sont décédés, ne peuvent être tenus, chacun que pour sa part héréditaire, dans la dette de son auteur;

Attendu qu'en ce qui concerne les autres chefs de réclamation il y a lieu de confirmer la décision des premiers juges; qu'en effet, etc...

Limites de la responsabilité du demi-escroc.

Il faut qu'il y ait eu relations de cause à effet entre le fait de fraude et le préjudice subi; mais cela suffit (Paris, 2 fév. 1877, S. 79, 2, 20).

Les actionnaires ne sont pas fondés à exercer contre les fondateurs, administrateurs et vérificateurs des apports une instance en responsabilité personnelle, sous le prétexte qu'une manœuvre frauduleuse aurait été employée au moment de la formation de la société, s'ils ne prouvent pas que cette manœuvre a eu pour effet de les décider à souscrire des actions. La Cour de Lyon a eu à appliquer ces principes à une espèce intéressante.

La manœuvre dolosive dont se plaignaient les demandeurs consistait dans la publication d'une brochure parue peu de temps avant la constitution de la société, et où il était affirmé que le fondateur faisait l'apport d'une promesse de vente d'un fonds de commerce et d'un droit au bail. Si ce fait est très blâmable, dit la Cour de Lyon, les actionnaires n'établissent pas que cette fausse déclaration ait eu pour conséquence de les décider à souscrire aux actions de la société. Au surplus, il importait peu au succès ou à la ruine de la société que celle-ci fût propriétaire du terrain et des bâtiments de l'usine de Sorman ou qu'elle en fût simplement locataire, alors que la durée du bail n'était pas moindre de cent ans et que la durée de la société devait être de 50 ans seulement (C. de Lyon, 1er mars 1904, *Droit financier*, 1904, p. 396.)

CHAPITRE X

ACTIONNAIRES ET OBLIGATAIRES VICTIMES D'UN DOL (*suite*)

B) Le dol a été commis par un intermédiaire.

Banquier émetteur de mauvaise foi.

Dans l'affaire jugée par la Cour de Douai et que je viens de citer, l'achat des titres a été fait à la société qui les a émis. Cela se produit rarement à notre époque. Les sociétés anonymes chargent les banques de placer leurs titres. Il y a des banques dont toute l'activité ou presque consiste à se charger des émissions. Le public sollicité par ces intermédiaires s'adresse à eux, y prend ou en reçoit les renseignements sur les titres émis, les considère en fait, sinon en droit, comme les représentants des sociétés qui se fondent ou augmentent leur capital. Il y a d'ailleurs des émissions pour lesquelles le public éprouverait certaines difficultés à se passer d'intermédiaire. Ce sont les *Emprunts des États étrangers*. Si l'État français et les villes de France reçoivent les versements des souscripteurs de leurs emprunts dans les bureaux des Trésoreries générales et des recettes municipales, on ne voit pas comment pourrait faire un État étranger empruntant en France.

Mais on comprend quelle responsabilité incombe aux

banques qui acceptant de placer des emprunts étrangers, prennent pour ainsi dire à leur compte les promesses de garantie faites aux souscripteurs. Cette responsabilité sera d'autant plus étendue et plus lourde qu'il aura été plus difficile pour le public de se renseigner auprès de l'État emprunteur.

Le banquier chargé de l'émission d'un emprunt est tenu de vérifier si les sûretés promises par l'emprunteur dans les prospectus et annonces publiés *par ses soins*, existent, car il est responsable envers le souscripteur qu'il a engagé dans une entreprise non sérieuse (Paris, 22 mars 1877, S. 79, 2, 135).

Mais, même s'il s'agit d'une société française, le banquier chargé de l'émission est responsable des tromperies commises. Ce n'est pas sérieux que de prétendre que l'actionnaire lésé aurait dû se renseigner. Cela lui sera impossible si la société a son exploitation industrielle et commerciale à l'étranger. Et si, au contraire, le siège de l'exploitation est en France, voit-on qu'avant tout achat de valeurs, on soit tenu de faire un voyage d'études ou de se livrer à un examen — d'ailleurs impossible — des comptes sociaux ?

D'après la jurisprudence la plus récente, le banquier émetteur n'est responsable des pertes éprouvées par les souscripteurs des valeurs offertes qu'aux conditions suivantes :

1° S'il est démontré que les souscripteurs ont été trompés par des manœuvres dolosives de nature à surprendre leur consentement ;

2° S'il est prouvé que ces manœuvres ont été la cause déterminante de la souscription ;

3° S'il est prouvé qu'il y a relation de cause à effet entre ces manœuvres et le préjudice causé.

Le Tribunal de la Seine (audience du 2 déc. 1909) a rappelé ces principes en examinant la demande formée par des actionnaires contre la banque l'*Union des Capitalistes* qui, au moyen de prospectus et de circulaires, avait placé les titres des *Charbonnages roumains*. Or, un ingénieur envoyé sur la concession avait écrit qu'il était impossible de savoir s'il y avait ou non du charbon dans les mines et que le moment de fonder une société d'exploitation n'était pas venu. Malgré cet avis, la banque indiqua dans une circulaire que l'affaire était magnifique, splendide, que le charbon était de première qualité, le bassin d'une rare opulence, et dans son journal, la *Lettre d'un capitaliste*, elle fit annoncer que le bassin était riche et étendu, que la production *minima* de charbon serait de 50.000 tonnes, que les bénéfices atteindraient la première année un million, la deuxième année 2 millions, et que l'affaire était de premier ordre et unique dans l'histoire des charbonnages. Enfin, elle envoya aux souscripteurs des plans où ils pouvaient apercevoir teinté de beau noir une couche ininterrompue de charbon garnissant le sous-sol des Monts Pesca et Brandusi. On retrouve dans cette affaire les procédés dont les demi-escrocs de la finance sont coutumiers. Le tribunal a jugé que l'Union des Capitalistes, qui dans une circulaire disait à ses souscripteurs ne jamais rien dissimuler des éléments de sa conviction personnelle dans les affaires auxquelles elle accordait son patronage, devait être considérée comme ayant agi de *mauvaise foi :* en ne soumettant de l'affaire des *Char-*

bonnages roumains que les documents favorables ; en ne produisant pas l'avis défavorable de l'ingénieur qui, s'il eût été communiqué au public, eût évidemment paralysé l'émission. Et il ajoute :

Qu'il est certain que ces *manœuvres dolosives* ont été la cause déterminante de la souscription ; qu'on ne saurait donc nier que le préjudice éprouvé par les souscripteurs des actions des Charbonnages roumains, a été causé par ces manœuvres et qu'il échet, par suite, de faire droit aux demandes des souscripteurs des actions.

Le banquier a été condamné à rembourser aux demandeurs le montant de versements faits pour l'acquisition de leurs actions (*Droit financier*, 1912, p. 237).

La responsabilité du banquier émetteur est plus grande que celle du banquier qui place les titres d'une société qui existe depuis plusieurs années (C. de Paris, 20 nov. 1902, D. 1903, 2, 493). La raison en serait que la société fonctionnant depuis plusieurs années à l'époque où ont eu lieu les achats d'actions, il n'était pas impossible aux actionnaires d'être fixés sur la situation de la société. Il s'agissait d'une société étrangère. Reste à savoir s'il était possible de se renseigner sur la valeur exacte des titres.

Cependant le banquier sera tenu vis-à-vis des acquéreurs des actions, si on relève dans ses prospectus, sa publicité, les démarches inspirées par lui, des mensonges ou des allégations inexactes permettant de soutenir qu'il a commis un dol, en trompant ses clients.

Le banquier qui s'est borné à prêter ses guichets pour recevoir des souscriptions, n'est pas responsable de la dépréciation ultérieure des titres, mais il en est autrement lorsqu'il a pris une part *directe* et *consciente* à la rédaction des renseignements inexacts et mensongers répandus dans le public et qui ont amené les tiers à acheter ces valeurs (Cass. civ. 18 mars 1891, D. 91, 1, 401).

Responsabilité en cas de faute.

Il est utile d'indiquer que le banquier émetteur peut engager sa responsabilité *même s'il a été de bonne foi.* Dans cette hypothèse, il n'a pas commis une demi-escroquerie ; il a commis une *faute.* Il a manqué à ses devoirs de vigilance et de contrôle, il a été négligent et imprudent (art. 1382 du Code civil) et il doit réparer le dommage né de sa faute. Placés entre les exigences du commerce et de l'industrie qui ont besoin du concours actif des banques et les intérêts de l'épargne qu'il ne faut pas livrer aux coupes réglées des lanceurs de valeurs mortes, les Cours et les Tribunaux très sagement se sont fixés dans le juste milieu (Seine, 9 août 71; Cass. 4 juin 75; 5 août 75. — Cass. 14 août 78 ; Paris, 5 déc. 1887 ; Cass. 18 mars 1891 ; Cass. req. 23 déc. 1912).

Le banquier dont l'attitude est purement passive n'agit pas sur le public, ne suscite pas les souscripteurs. Il ne commet pas de faute.

Mais il en est différemment du *banquier qui prend à sa charge une émission,* qui en fait son affaire propre.

Il participe à la demande de capitaux.

Le banquier, chargé de l'émission d'un emprunt, est tenu de vérifier si les sûretés et garanties promises dans

les prospectus et annonces publiés par sa banque,
existent réellement. A défaut d'une vérification suffisante,
il peut être déclaré responsable envers le souscripteur
qu'il a engagé dans une entreprise non sérieuse (Paris,
22 mars 1877, S. 2, 589).

Sa seule intervention, même dépouillée d'une pression quelconque, est une *recommandation* auprès de
sa clientèle habituée à obéir à ses plus discrètes sugges-
tions. L'opération se fait dans ses bureaux, par ses employés, avec les procédés propres à sa maison. Cette
situation impose au banquier une certaine prudence.

Le banquier émetteur peut être entrepris, non seulement pour son *dol* ou pour le fait d'avoir collaboré à la
rédaction de *prospectus mensongers*, mais aussi pour
avoir recommandé comme bonnes des valeurs mauvaises; pour avoir par sa négligence, par son imprudence, accrédité des déclarations inexactes. Exemples :

Le banquier qui joint au prospectus de l'émission une
circulaire dans laquelle il écrit, s'adressant à sa clien
tèle : « Comme vous pourrez le constater par la lecture
du prospectus ci-joint, *ce titre offre des garanties de premier ordre...* » (Paris, 22 mars 1877).

La banque qui prend l'initiative de la formation d'un
syndicat pour le placement des actions d'une société
dans les bénéfices de laquelle elle s'est intéressée pour
23 % (Aff. actionnaires des Raffineries d'Égypte c. T. L.
et D. et Société générale. Trib. Seine, 2ᵉ chambre. Conclusions de M. le substitut Peignot, *Revue judiciaire*,
juil. 1912).

La banque qui prend ferme, au prix de 461 francs,
des obligations de 500 francs à placer dans le public,

constitue un groupe syndicataire où elle se réserve une participation de 23 % pour le placement de ces titres (même affaire).

Les groupes syndicataires assumant les frais de la publicité relative à ces émissions, la banque est donc responsable de la teneur des prospectus et des communiqués faits à la presse (même affaire).

Démarcheurs.

Le placier de titres, qui n'est pas un escroc, mais qui est tout de même un malhonnète homme, est une espèce qui pullule à notre époque. Il place sans hésiter des valeurs dont il sait qu'elles ne valent rien ou à peu près. Il ment sans sourciller, mais comme son métier consiste à vendre la marchandise par l'effet de son boniment, sans correspondance, ni intervention d'un tiers, il est difficile d'y trouver les éléments de l'escroquerie. Mais, sans aucun doute, il commet la demi-escroquerie, puisqu'il cherche à tromper le client, en lui présentant comme intéressantes et appelées à une plus-value, des actions qu'il sait bien être majorées et sans avenir.

Le démarcheur se rencontre presque partout. Il y a même le démarcheur homme du monde, et ce n'est pas le moins dangereux, qui trompera ses meilleurs amis pour toucher une commission de 10 à 50 % du prix auquel il aura su vendre le titre.

Le démarcheur a souvent un compère. Il envoie le client qu'il vient d'endoctriner à une tierce personne qui donnera d'autres renseignements, *absolument confiden-*

tiels, après lesquels il faut ne pas perdre un instant pour acheter la fameuse valeur.

Il y a aussi le démarcheur, employé d'une société de crédit, qui profite de sa situation pour recommander aux clients de la société des titres que la société ne l'a pas chargé de placer. Il travaille pour le compte de banquiers émetteurs, qui sont heureux d'avoir un intermédiaire, en relations constantes avec la clientèle d'une grande société. Les employés d'agence connaissent les personnes qui s'adressent à eux, et leur inspirent confiance. Alors ils placeront les valeurs dont ils sont les démarcheurs, soit en laissant croire qu'ils parlent au nom de la société dont ils sont les employés, soit « confidentiellement », comme d'une affaire industrielle, à laquelle leur maison ne s'intéresse pas, parce qu'elle ne recommande que les fonds d'État, mais qui est une affaire de premier ordre. Le client écoute. Comment cet employé n'inspirerait-il pas confiance? Chacun sait que les grandes sociétés de crédit choisissent avec soin leur personnel. Bref il achète. Il est pris. Il se plaint, car il n'est pas une victime résignée. Il s'adresse au directeur de l'agence. Celui-ci, s'il ne peut pas faire autrement, adressera un rapport au siège central, mais s'il peut éviter une affaire, il s'entendra avec l'employé pour que celui-ci demande son changement. Il ira dans une autre agence, et la victime se croyant vengée n'insistera pas. De sorte que la société de crédit conservera et son employé et son client !

On a vu cependant des victimes moins facilement consolées attaquer directement la société de crédit et lui demander réparation de la faute commise par son employé.

Les Tribunaux font droit à la demande si l'employé a

agi selon les ordres du directeur, représentant la société (Trib. Seine, 23 mars 1906, *Rec. gaz. Trib.*, 1906, 2, 412). Le demandeur en dommages-intérêts doit prouver que l'employé en recommandant les mauvaises valeurs a agi comme le préposé de la société de crédit et non en son nom personnel. La preuve sera difficile. L'affaire a été traitée dans quelques colloques, à demi-voix entre le client de l'agence et l'employé. Pas de témoins. Pas de correspondance. Il n'y a qu'un ordre d'achat que chacune des parties expliquera à sa façon, sans que le juge puisse savoir de quel côté se trouve la vérité.

Effets du dol.

Dans les ventes d'actions ou d'obligations, l'intermédiaire peut avoir lui-même reçu l'argent de la victime et lui avoir remis les titres. L'acquéreur n'a pas traité avec la société anonyme, ni avec un préposé ou un mandataire de la société. Il a traité avec un marchand de titres qui les tenait d'un banquier ou d'un syndicat, peu importe. Un contrat s'est formé qui est vicié par le dol et dont la rescision s'impose. Exemple : Doit être annulée la vente de titres effectuée par une personne qui produit à l'acquéreur une lettre du tiers dont elle tient les titres afin d'établir mensongèrement que les titres lui ont été délivrés par ce dernier au prix auquel elle-même les vend, alors que c'est la production de cette lettre qui a déterminé l'acquéreur à contracter (Cass. req. 9 nov. 1910).

La Cour de cassation a jugé que la résolution de la vente de valeurs mobilières est à bon droit prononcée par justice, non pour cause de lésion, mais pour cause de *dol*, à raison des agissements employés par le banquier pour faire accepter par le client un prix procurant à l'intermédiaire un bénéfice qualifié de scandaleux par les premiers juges (Cass. req. 30 mai 1910. Poitevin et Loiseau contre veuve R..., *Droit financier*, 1910, p. 548).

Voici les décisions déférées à la Cour suprême dans cette affaire.

Jugement du Tribunal civil d'Orléans du 31 dec. 1907.

Le tribunal ;

Attendu que les consorts Poitevin après avoir signifié dans une note qu'ils se refusaient à produire leurs livres de commerce se sont cependant décidés à les présenter, et il a été alors facile de s'expliquer la répugnance qu'ils avaient tout d'abord éprouvée à donner satisfaction au désir du Tribunal ; qu'un examen rapide de ces registres a permis de constater les bénéfices scandaleux qu'ils réalisaient au moyen des opérations auxquelles ils se livraient et qui dépassaient quelquefois 33 % des acquisitions faites par les clients ;

Que c'est ainsi qu'un achat de 100 actions Sao José, effectué en janvier 1906 par la veuve R... aux prix de 4.500 francs, rapportait aux banquiers Poitevin et Loiseau 1.700 francs ;

Qu'un autre achat de 102 actions opéré en juillet au prix de 4.590 francs leur permettait de réaliser un bénéfice de 1.638 francs ;

Qu'une acquisition de 100 actions, faite le mois précédent, au prix de 4.500 francs, leur permettait d'encaisser 1.307 fr. 75 ;

Que ces bénéfices énormes que des banquiers scrupuleux et soucieux du bon renom de leur maison se seraient bien gardés de toucher, ne pouvaient être obtenus par les consorts Poitevin qu'en endormant la vigilance de leurs clients à l'aide de manœuvres dolosives qui consistaient à leur faire croire que es opérations effectuées par leur banquier ne rapportaient à ces derniers qu'un gain peu important, se rapprochant sensiblement de celui que s'attribuent ordinairement les intermédiaires sérieux ;

Que c'est ainsi par exemple que pour un achat du 28 juillet 1906 sur un bordereau de 6.030 francs, on faisait figurer pour frais et impôts 9 fr. 85 et ces frais et impôts, d'après le compte du 6 septembre 1906 remis à la veuve R..., étaient qualifiés d'impôt et courtage ;

Que sur un autre bordereau du 30 juin précédent relatant une acquisition s'élevant à 18.615 francs, les frais et impôt ou l'impôt et le courtage d'après le compte du 20 juillet 1906 étaient de 28 fr. 50 ;

Que déduction faite de l'impôt de 10 centimes perçu par le Trésor, le droit de commission de 1 fr. 50 environ retenu par les banquiers était inférieur à celui qui est ordinairement réclamé, et la veuve R... en recevant ces avis ou les relevés de son compte, devait nécessairement croire que les conditions qui lui étaient faites étaient plutôt avantageuses alors qu'en réalité elle était dépouillée du tiers de son capital ;

Attendu que les bénéfices de 33 % environ accusés par les registres de la banque Poitevin étaient certainement beaucoup plus considérables ;

En effet : les actions de Sao José placées par les défendeurs ne provenaient pas d'acquisitions sérieuses faites en banque comme l'avait déclaré Loiseau lors de sa comparution à la barre, mais d'un stock qu'écoulait la banque Poitevin-Chateaufort dont les accointances avec la banque Poitevin-Loiseau ne sont trop que manifestes de sorte que Poitevin de Paris après avoir encaissé un premier bénéfice avec son associé Chateaufort, procurait un second bénéfice à Poitevin d'Orléans, en compagnie de Loiseau ;

Attendu que la veuve R... était bien loin de supposer qu'elle était ainsi exploitée par ces banquiers qui avaient été chez elle solliciter sa clientèle, qui faisaient miroiter à ses yeux les plus beaux bénéfices et dont elle n'aurait pu, si elle avait éprouvé la moindre défiance, vérifier que très difficilement les affirmations ;

Attendu, en effet, que les obligations des Thés de l'Annam et les actions de la société The Cardiff District ne figurent même pas à la cote du marché des banquiers (lettre du 4 novembre 1907 du Président du Syndicat des Banquiers des valeurs au comptant);

Que pour les obligations des Thés de l'Annam, les défendeurs ne paraissent pas avoir réalisé un bénéfice illégitime et trompé leur clientèle puisque, d'après leur écritures, ils auraient acheté ces titres au prix de 480 francs qu'ils ont fait payer à la veuve R...; que, de ce chef, les réclamations de cette dernière ne sont donc pas fondées;

Mais pour les actions Cardiff, on constate sur le Grand Livre que le bénéfice encaissé par les consorts Poitevin sur une acquisition de 2.850 francs, a été de 550 francs, alors que sur le bordereau du 21 mars 1906 figurait cependant une somme de 15 fr. 85 cent. pour impôts, courtage, commission et port de titres;

Que pour les actions Cardiff comme pour les actions Sao José, la bonne foi de la veuve R... a été trompée par une manœuvre dolosive et elle est par conséquent fondée à exiger de ses banquiers la réparation du préjudice qu'ils lui ont causé;

Attendu qu'en présence des agissements déloyaux des consorts Poitevin, il ne saurait être un seul instant question de faire droit à leur demande reconventionnelle;

Par ces motifs,

Et tout en déclarant sans fondement la demande reconventionnelle des consorts Poitevin :

Déclare nuls *comme étant le résultat du dol* :

1° Le contrat intervenu entre Poitevin et Loiseau d'une part et la veuve R..., d'autre part, le 21 mars 1906 relatif à la vente à la veuve R... pour le prix de 20 fr. 50 l'une de 100 actions The Cardiff District Collieries;

2° Les contrats intervenus entre les mêmes parties et relatifs à la vente à la veuve R... moyennant le prix de 45 francs l'une les 21 mars 1906, 30 juin 1906, et 28 juillet 1906, de 302 actions « Sao José » ;

Ce faisant condamne Loiseau et Poitevin solidairement à payer à la veuve R... avec intérêt de droit la somme de 16.437 fr. 65 à charge par la dame R... de remettre ainsi qu'elle le propose les titres objet des ventes annulées.

MM. Poitevin et Loiseau se sont pourvus en cassation contre l'arrêt de la Cour d'Orléans confirmant purement et simplement le jugement du Tribunal civil d'Orléans du 31 décembre 1907.

Sur ce pourvoi de MM. Poitevin et Loiseau :

Arrêt de la Chambre des requêtes, du 30 mai 1910.

La Cour;

Attendu que l'arrêt attaqué prononce la résolution de la vente de valeurs mobilières effectuée par Poitevin et Loiseau à la dame R..., non pour cause de lésion et à raison de l'exagération du prix, *mais pour cause de dol et à raison des agissements déloyaux employés pour faire accepter par la cliente un prix* procurant aux banquiers un bénéfice que la sentence entreprise qualifie de scandaleux; qu'à l'appui de ses constatations et appréciations l'arrêt a pu faire état des bordereaux et comptes remis à la veuve R...; que partie de ces documents se placent à une date antérieure à la conclusion de certaines des opérations litigieuses; que, pour le surplus, ils pouvaient être visés sinon comme étant par eux-mêmes constitutifs des manœuvres dolosives employées pour obtenir de la défenderesse éventuelle un consentement qui n'aurait pu être vicié par des faits postérieurs, du moins comme fournissant la preuve des manœuvres en question; que ces constatations et appréciations rentrant dans les pouvoirs du juge du fond fournissent une base légale à sa décision; que, par suite, en statuant ainsi qu'il l'a fait, l'arrêt attaqué, régulièrement motivé, n'a violé ni faussement appliqué les textes visés au moyen;

Rejette...

Dans le cas où un banquier, ayant reçu d'une société le mandat de procéder à l'émission d'actions nouvelles, a, pour préparer cette émission et en assurer le succès, eu recours à des manœuvres dolosives, la société responsable des manœuvres à l'aide desquelles son mandataire a déterminé les tiers souscripteurs, ne saurait obtenir le maintien des souscriptions qui lui ont été ainsi procurées. Elle déclinerait en vain la responsabilité des manœuvres pratiquées pour l'émission de ses titres, sous prétexte qu'elles émaneraient exclusivement du banquier, qui aurait souscrit toutes les actions, et les aurait ensuite revendues au demandeur, s'il est constaté par les juges du fait que le banquier n'a pas revendu des actions par lui souscrites, et qu'il n'a traité avec le souscripteur que comme mandataire de la société, chargé par elle de procéder à l'émission de ses actions et sans excéder les limites de son mandat (Cass. 30 juil. 1895, S. 96, 1, 288).

Remarque.

De l'examen des affaires jugées sur des poursuites engagées pour escroquerie et qui ont abouti à un acquittement, une conclusion remarquable se dégage sur laquelle il importe d'attirer l'attention. Trop souvent et surtout en matière financière, les personnes dupées vont aux extrêmes. Elles ne se plaignent pas, ou si elles poursuivent, elles prétendent démontrer l'escroquerie et obtenir une condamnation par le tribunal correctionnel. Or, les magistrats, saisis de ces plaintes, sont mis en présence de faits qui ne constituent pas un délit, mais qui sont des tromperies de l'espèce du dol. Tenus par les principes, ils ne peuvent que classer la plainte ou prononcer l'acquittement.

Les victimes se sont trompées de prétoire. Elles auraient dû s'adresser à la juridiction civile ou commerciale.

Un exemple intéressant de cette sorte d'erreurs se trouve dans un arrêt de la Cour de cassation rendu dans une affaire Alfred, de Fleury et Postal. Par un premier arrêt, la Cour avait jugé que les demandeurs au pourvoi avaient été, à bon droit, condamnés pour escroquerie (voir supra, chapitre III). Par un deuxième arrêt, elle accueillit le pourvoi dans les termes suivants :

. . . .

En ce qui concerne le pourvoi formé par Alfred et Fleury ;

Sur le moyen pris de la violation des articles 405 du Code pénal, 413 du Code d'instruction criminelle, 1394 du Code civil, et 7 de la loi du 20 avril 1810 ;

Vu lesdits articles :

Attendu que s'il résulte des constatations du jugement et de l'arrêt qui en a adopté les motifs, que M..., cédant aux sollicitations de Postal, a consenti à vendre la plus grande partie des titres qu'il possédait et à acheter les valeurs que lui proposait Postal, il n'apparaît pas que les allégations mensongères de Postal concernant les éventualités de baisse qui menaçaient les titres de M... et les garanties de sécurité qu'offraient les valeurs qu'il proposait de lui vendre, aient été appuyées soit par l'intervention d'un tiers, soit par une mise en scène de nature à leur donner force et crédit ; qu'il n'est pas, dès lors, établi que le consentement de M... ait été déterminé par une manœuvre frauduleuse ; qu'il suit de là qu'à défaut de la constatation de l'un des éléments constitutifs du délit d'escroquerie, les faits retenus par l'arrêt attaqué à la charge de Postal comme ayant été commis par lui au préjudice de M... alors qu'il était au service d'Alfred et de Fleury, n'ont pu légalement, en l'état des énonciations de l'arrêt, donner lieu à l'application de l'article 405 du Code pénal, ni, par voie de conséquence, entraîner la responsabilité civile d'Alfred et de Fleury; qu'ainsi, il y a eu violation des articles visés au moyen;

. . . .

Mais les faits retenus par la Cour d'appel, dont l'arrêt était déféré à la Cour suprême, s'ils ne constituaient pas une escroquerie, étaient cependant des mensonges caractérisés, des tromperies, et en poursuivant leurs auteurs pour dol, les victimes eussent eu les plus grandes chances de voir leur demande accueillie.

La Cour de Paris (arrêt du 2 juin 1909) avait relevé comme manœuvres frauduleuses les faits suivants. Notons que, selon les expressions de l'arrêt, il s'agissait « de frapper l'esprit d'un vieillard affaibli ».

1° Postal ayant trouvé un portefeuille appartenant à M... l'avait rapporté à son propriétaire;

2° Il avait affirmé à M... que la guerre russo-japonaise entraînerait la ruine de la Russie; que les fonds russes s'effondreraient;

3° Il l'avait persuadé que les valeurs françaises allaient baisser dans des proportions énormes avec l'impôt sur le revenu;

4° Il prit soin de lui cacher le contenu des écrits qu'il lui faisait signer;

5° Il remit à Mme M..., épouse du client, femme âgée, une bouteille d'eau de Lourdes.

La Cour de cassation n'a pas vu dans ces faits les manœuvres frauduleuses, mais on y reconnaît le caractère de la tromperie, de la demi-escroquerie.

Tromperie par la voie de la presse (Bulletins, prospectus, journaux).

Tout ce qui a été indiqué au sujet de l'escroquerie (voir chap. III) doit être rappelé.

Le mensonge exprimé dans les feuilles rédigées par le banquier ou le lanceur d'affaires n'est qu'un mensonge écrit. Il n'est pas une manœuvre frauduleuse et ne suffit pas à former l'escroquerie. Mais est-il une tromperie dans le sens de l'article 1116 du Code civil? Dans une doctrine, qui soumet strictement le quasi-délit, la demi-escroquerie aux principes qui régissent la prévention d'escroquerie, il faut rechercher si la feuille (prospectus, bulletin, journal) est l'organe du financier qui cherche à tromper le public. Si l'opinion qui y est exprimée est l'opinion de ce financier ou de ses préposés, le mensonge ne s'enveloppera d'aucun artifice, et la victime ne pourra pas dire qu'il y a eu dol. Mais si cette feuille contient des articles, des rapports, émanant de personnes qui semblent indépendantes et dont l'autorité est invoquée à l'appui de l'opinion exprimée par le financier, alors le mensonge se dissimule, et il y a tromperie constitutive de dol. « *Le mensonge écrit ne constitue pas une escroquerie. La manœuvre frauduleuse apparaît si l'écrit, la pièce ou le document émane ou paraît émaner d'un tiers dont le témoignage vient appuyer le mensonge* » (Garçon, *Code pénal annoté*, art. 405, n°ˢ 26 et 28).

Mais en matière de droit civil, la rigueur de ces principes doit fléchir et par application de ce que nous avons expliqué dans le chapitre V, nous pensons que le mensonge écrit, par notices, prospectus, articles de bulletins ou journaux financiers, est une tromperie constitutive de dol, qui entraînera non seulement à des dommages-intérêts pour le préjudice qu'il aura causé, mais à la rescision du contrat qu'il aura vicié.

M. le substitut Grandjean a montré le danger que présente pour le public, la publicité financière faite dans les grands quotidiens. Pour les lecteurs qui ne sont pas initiés aux mystères de la finance contemporaine — et c'est la majorité — les opinions qui paraissent dans le Bulletin financier de ces journaux sont sincères et elles font partie de la rédaction.

Or, on sait la confiance aveugle qu'un abonné peut avoir dans son journal. Une valeur à l'émission recommandée par un grand quotidien, trouvera des souscripteurs à coup sûr. Il y a un art dans la réclame, dans la rédaction des notes et des communiqués et il y a des nuances dans l'éloge, de la discrétion dans les conseils. Le nombre des insertions est calculée d'après le genre de l'affaire et les spécialistes dosent exactement leur prose, connaissant à merveille le tempérament du public.

Que dire de l'effet de cette publicité lorsqu'elle s'étend à tous les journaux ou à peu près? Les financiers ne s'adressent plus directement aux quotidiens. Ils traitent avec des agences de publicité qui s'entendent avec les administrations de journaux et y font insérer pendant un laps de temps convenu des « communiqués ». Il arrive aussi que des agences ont affermé le bulletin financier du journal, ce qui leur permet d'y insérer, sous la forme discrète qui convient, les réclames dont elles se sont chargées. Certain fermier a ainsi à sa disposition cinq ou si grands quotidiens.

Si le lecteur se méfie de l'annonce commerciale, il croit que la chronique financière de son journal, avec les communiqués et les informations qu'elle contient, émane de la rédaction du journal, comme l'article littéraire et l'éditorial politique. Il se trompe et je n'hésite pas à écrire qu'on le trompe et qu'il aura le droit de s'en prendre aux auteurs responsables de cette demi-escroquerie.

Le financier, pour le compte de qui cette sorte de publicité est faite, commet un dol. Il ne cherchera pas à se défendre en prétendant qu'il est demeuré étranger à ces manœuvres. Les tribunaux ordonneront une expertise et de l'examen des livres des fermiers de publicité, il apparaîtra que des insertions ont été faites pour son compte.

Notons, au surplus, qu'il ne lui servirait de rien de prendre la précaution d'insérer dans les prospectus ou journaux, une mention indiquant qu'il demeure étranger à leur rédaction (Cass. civ. 18 mars 1891, *Bull.* nº 37).

La *responsabilité des journaux* qui ont accepté d'insérer des réclames financières dans les conditions que je viens d'indiquer, serait-elle engagée? A cette question, on doit répondre par l'affirmative. Il y a eu faute dans le sens de l'article 1382 du Code civil, à publier des articles sans que rien mette en garde le lecteur.

« Si les journaux ne peuvent pas contrôler les annonces qu'on leur apporte, ils devraient être tenus pour responsables des *articles de rédaction* qu'ils insèrent et qui leur sont payés à un tout autre tarif. La presse, en effet, joue un rôle considérable dans les affaires financières. »

« Lorsqu'en mars 1881, l'*Assurance financière* mit en souscription, au prix de 250 francs l'un, 100.000 bons d'épargne, le traité passé entre M. B... et M. X..., publiciste, fixait à 2.850.000 francs, soit 28 fr. 50 par titre ou 11,40 pour 100, les frais de publicité dans les journaux de Paris et des départements. Ce n'est pas évidemment pour des annonces en quatrième page que ces sommes énormes étaient dépensées » (Claudio Janet).

Signalons un genre de réclame assez employé : c'est l'insertion répétée dans la chronique financière, de la cote d'une valeur nouvelle. En réalité, cette cote est fictive. Elle est fournie par le syndicat d'émission qui veut placer le titre. Quelquefois, les intéressés prennent leurs dispositions pour qu'il y ait des transactions, mais ces transactions ont lieu entre compères et ne sont qu'une manœuvre qui s'ajoute aux autres.

2ᵉ CAS. TROMPERIE AU PRÉJUDICE DE L'ACTIONNAIRE, PENDANT QU'IL EST ASSOCIÉ.

Le souscripteur, l'acquéreur d'une action n'est pas comme le passant qui achète une marchandise dont il a besoin. En devenant titulaire d'une *valeur*, il entre dans une société commerciale, il devient l'associé de tous ceux qui, comme lui, sont actionnaires de cette société. Des administrateurs qui sont les mandataires des actionnaires, sont chargés d'administrer la société. Ils le feront avec soin et même avec zèle, car leur intérêt les y pousse. S'ils sont négligents ou imprudents dans leur gestion, s'ils commettent une faute qui cause un dommage à la société, à leurs mandants, ils seront poursuivis en réparation du préjudice causé (art. 1382 du Code civil et principes du mandat), mais s'ils commettent des faits de demi-escroquerie comment les actionnaires pourront-ils se plaindre?

La question a-t-elle un intérêt? On voit bien un souscripteur dupé, et qui n'est devenu actionnaire que parce qu'il a été dupé. Mais une fois que le dol a produit son effet, quel intérêt pour le demi-escroc à tendre de nouveaux pièges. Cependant, les affaires financières offrent de nombreux exemples d'actes de mauvaise foi commis par les administrateurs au préjudice des actionnaires. D'abord quand on prend la direction d'une société anonyme après qu'on l'a fondée dans des conditions malhonnêtes, on est entraîné à persister dans la même attitude, c'est-à-dire à tromper encore le public, en affirmant la prospérité de la société par la publication de faux bilans, de rapports inexacts, la distribution de dividendes fictifs. Cela est utile pour gagner les trois années après lesquelles les escrocs sont à l'abri derrière la prescription et pour vendre les actions dont les promoteurs de l'entreprise sont les plus gros souscripteurs, mais dont ils entendent se débarrasser avec bénéfice, en obtenant un cours élevé. Il est donc de grande importance d'entretenir les illusions du public et des actionnaires et tout sera bon pour cette œuvre, y compris les manœuvres frauduleuses.

Puis, un beau jour, les escrocs ayant gagné les trois années de la prescription se retirent discrètement après fortune faite. Les titres tombent à des cours inférieurs. Les actionnaires s'émeuvent, on découvre la vérité.

Il est même arrivé que des administrateurs conduisaient volontairement leur société à la ruine, afin de permettre à un groupe financier d'en prendre l'actif, à un prix inférieur à sa valeur.

Parfois, une société accroît son capital sous prétexte d'étendre ses affaires, sans qu'un accroissement proportionnel de bénéfices en soit la conséquence : en Amérique, on appelle cela, *mettre de l'eau dans le capital*. Ces majorations dommageables aux actionnaires sont, la plupart du temps, des demi-escroqueries.

Dans quelle situation se trouvent les porteurs de titres? Ils ont subi un préjudice. Ils ont le droit de s'adresser aux responsables, en leur disant : « Nous sommes des actionnaires, des obligataires, des porteurs de parts de la Société... Nous avons acheté, *nous avons conservé nos titres* parce que, par leurs actes, les administrateurs de cet établissement ont surpris ou *entretenu* notre confiance : la foi que nous avons eue dans l'entreprise gérée par eux est leur fait, leur œuvre; elle a été provoquée ou *alimentée* par les rapports inexacts produits, par de faux bilans publiés, par les dividendes fictifs distribués, par les cours ainsi maintenus, galvanisés artificiellement; à présent nos actions, nos obligations, nos parts de fondateurs sont dépréciées; nous subissons un préjudice. — Ce dommage, réparation nous en est due. — Il y a eu dol, ou il y a eu faute sans mauvaise foi ».

Action individuelle et action sociale.

La distinction entre les fautes d'administration et les faits de dol aura un grand intérêt pour les actionnaires qui ont souffert un dommage, car elle servira à reconnaître si la demande que les victimes peuvent former est une action *sociale* ou une action *individuelle*.

De l'article 17 de la loi du 24 juillet 1867, il résulte que la responsabilité des administrateurs des sociétés anonymes à raison de leurs actes donne, suivant les cas, ouverture à une double action : l'action sociale et l'action individuelle.

La première a sa base dans un préjudice qui atteint la société tout entière, c'est-à-dire la collectivité des actionnaires et des créanciers. Elle tend au maintien ou à la reconstitution du fonds social; elle est, en conséquence, épuisée par l'exercice qu'en font les représentants légaux de la société.

La seconde a pour objet la réparation d'un dommage personnel à chaque intéressé, indépendant de celui souffert par la collectivité; elle peut exister concurremment avec l'action sociale et être suivie même après que celle-ci est épuisée par l'exercice qu'en a fait le syndic.

La Cour de cassation a jugé que, bien que sur l'action du syndic, les administrateurs d'une société tombée en faillite aient été condamnés solidairement à la réparation du préjudice causé à ladite société et à la masse créancière par leur mauvaise gestion, si, ultérieurement, un actionnaire poursuit, individuellement, en dommages-intérêts, l'un de ces administrateurs à raison d'un préjudice personnel, distinct de celui de la collectivité, on ne peut écarter, comme non recevable, une pareille demande, sous prétexte que l'action en responsabilité dont étaient passibles les administrateurs a déjà été exercée contre eux par le syndic de la faillite sociale, alors que la nouvelle action est basée non sur une faute contractuelle, commise dans l'exercice de son mandat d'administrateur, par le défendeur individuellement poursuivi, mais sur des *manœuvres dolosives* constituant des infractions aux lois et aux statuts sociaux et qu'elle tend à la réparation d'un dommage personnel causé au demandeur, abstraction faite du préjudice que, parallèlement, les autres associés ont pu ou non ressentir (Cass. civ. 26 nov. 1912).

Il est difficile de marquer exactement les caractères de l'action sociale et de l'action individuelle. Mais d'après une opinion, l'action sociale sanctionnerait la responsabilité contractuelle des administrateurs (art. 1991 et 1992 du Code civil). Au contraire l'action individuelle sanctionnerait la responsabilité délictuelle (C. de Rennes, 1er août 1900, D. 1901, 2, 300. Lyon-Caen et Renault, *op. cit.*, 4e édit., t. II, n° 827 *bis*).

Dans cette opinion, il serait très intéressant, pour les actionnaires lésés, d'invoquer le dol commis par les administrateurs.

D'après une seconde opinion, l'action sociale sanctionnerait un préjudice qui serait le même pour tous les actionnaires; l'action individuelle, au contraire, ne sanctionnerait qu'un préjudice causé à quelques-uns

seulement (C. de Paris, 20 mars 1901. D. 1904, 2, 121).
On trouvera une application curieuse de cette doctrine
dans l'arrêt de cassation du 22 oct. 1912 (Chambre civile, *Gaz. Trib.*, 15 déc. 1912).

Or, distinguer si l'action en responsabilité intentée
contre des administrateurs est une action sociale ou
une action individuelle présente un intérêt pratique :
1° parce que l'action sociale et les actions individuelles peuvent être cumulées contre les administrateurs;
2° parce qu'elles peuvent être, dans certains cas, cumulées
par un actionnaire.

1° On admet qu'un administrateur de société peut être
cumulativement recherché en responsabilité par l'action
sociale et par des actions individuelles, notamment en
cas de violation de la loi et des statuts (C. de Rennes,
1er août 1900, D. 1901, 2, 300; Arthuys, « Examen doctrinal de jurisprudence commerciale », *Revue critique
de législation et de jurisprudence*, 1900, p. 209).

Il résulte de là que l'action individuelle peut être exercée d'abord, bien qu'il ait été déjà statué sur l'action sociale par un jugement passé en force de chose jugée
rendu avec le mandataire de tous les actionnaires
(C. de cassation, 15 juin 1910, *Rec. Gaz. Trib.*, 1910.
2e sem., 1, 150); ensuite, quoique l'administrateur ait
reçu un *quitus* de l'assemblée générale (C. de Paris,
20 mars 1901, D. 1904, 2, 121; C. de cassation, 6 août
1894, S. 1894, 1, 496; 3 mai 1893, D. 1893, 1, 449, et la
note de M. Valery; Arthuys, « Examen doctrinal de
jurisprudence commerciale », *Revue critique de législation et de jurisprudence*, 1900, p. 208 et 209); enfin,
même quand les statuts subordonnent l'exercice de l'ac-

tion sociale à un avis de l'assemblée générale (C. de Paris, 12 avril 1902, D. 1906, 2, 345. Comparer : C. de cassation, 29 juin 1899, D. 1905, 1, 191 ; Arthuys *op. cit.*, p. 212 et 213).

2° Au moins en dehors du cas de faillite de la société, la jurisprudence permet à un actionnaire d'exercer l'action sociale quand la société néglige de le faire (Lyon-Caen et Renault, *Traité de droit commercial*, 4ᵉ édit., t. II, n° 827 *bis*). Et, ainsi, on peut être amené à se demander si l'action exercée par un actionnaire est sociale ou individuelle, de sorte qu'après avoir échoué en intentant l'une, il puisse essayer de réussir en utilisant l'autre (note sous l'arrêt du 22 oct. 1912. *Gaz. Trib.*, 15 déc.).

L'action en dommages-intérêts, intentée par des actionnaires d'une société anonyme contre les administrateurs et les commissaires de surveillance, qui ont dissimulé la véritable situation de la société, en présentant aux assemblées générales des rapports mensongers et un bilan frauduleux, et en proposant la distribution d'un dividende fictif, et ont ainsi endormi les anciens actionnaires dans une fatale sécurité, et surpris soit à ces anciens actionnaires, soit à de nouveaux bailleurs de fonds, la souscription de la seconde partie du capital social, n'est point basée sur une faute contractuelle des administrateurs ou commissaires de la société, commise dans l'exécution de leur mandat, mais a pour fondement un délit ou un quasi-délit sortant du cadre de la gestion des administrateurs ou commissaires, tel qu'il avait été tracé par la convention ou par la loi, et tend à la réparation du préjudice causé par ce délit ou quasi-délit à chacun des demandeurs personnellement, abstraction faite du dommage que parallèlement les autres associés ont pu ou non ressentir. Cette action constitue une action individuelle qui peut être poursuivie par les actionnaires agissant [1] *ut singuli* (Cass. req. 26 janv. 1910, S. 1911, 1, 105).

De même si l'action se fonde sur une faute générale des administrateurs résultant notamment de dissimulation ou manœuvres coupables qui auraient induit les actionnaires en erreur, soit en provoquant l'achat de leurs titres, soit en leur en imposant la revente, cette action est purement personnelle (Cass. 3 déc. 1883, D. 1884, 1, 339).

De même encore, l'action basée sur le préjudice causé par des manœuvres dolosives qui ont amené des actionnaires à vendre leurs actions avec perte (Cass. 3 déc. 1882, D. 84, 1, 339).

L'approbation donnée par l'assemblée générale — représentant la société — le *quitus* délivré par cette assemblée, n'empêche pas l'actionnaire lésé de poursuivre les administrateurs coupables en exerçant l'action individuelle.

L'abandon par une société anonyme de l'action en res-

---

1 Je dois cependant signaler que M. Perroud dans une note sous cet arrêt estime que « le cumul entre les mêmes personnes d'une action contractuelle et d'une action délictuelle, soulève les doutes les plus sérieux. La responsabilité contractuelle, écrit le commentateur, suppose des personnes liées par un contrat; la responsabilité délictuelle suppose des personnes juridiquement étrangères l'une à l'autre. Ce sont des idées qui s'excluent ».

Cette opinion ne se retrouve pas dans la jurisprudence. On justifie la possibilité d'une action délictuelle entre personnes contractuellement liées, en disant que la faute reprochée ne serait plus contractuelle si elle consistait en des actes « sortant du cadre de la gestion des administrateurs, tel qu'il avait été tracé par la convention ou par la loi » (Paris, 31 mai 1892, D. 1893. 2, 249), note de M. Pic).

ponsabilité dérivant contre les administrateurs des faits d'exécution du mandat à eux confié laisse subsister au profit des associés à l'égard desquels les mêmes faits présentent le caractère d'un quasi-délit, le droit d'en poursuivre la réparation (Cass. 7 mai 1872, S. 72, 1, 123; Paris, 22 avril 1870, S. 71, 2, 169; Rennes, 18 fév. 1907, *Journ. Soc.*, 1909, 171).

L'action en responsabilité intentée par un actionnaire dans la limite de son intérêt personnel, ainsi que le permet l'article 17 de la loi du 24 juillet 1867, ne peut être paralysé par l'effet rétroactif d'un quitus général voté au profit des administrateurs par une assemblée générale postérieurement à l'introduction de l'instance (Cass. 1er juil. 1898, *Journ. Soc.*, 1898, 110).

CHAPITRE XI

ACTION EN JUSTICE. — PROCÉDURE.

Le dol doit être apprécié objectivement. Les magistrats doivent, dans l'appréciation des faits qui le constituent, se demander si la personne qui a consenti était plus ou moins intelligente et, vu les circonstances, s'il était plus ou moins facile de la tromper (Baudry-Lacantinerie et Barde, *Obligation*, n° 103).

Il serait dangereux d'apprécier les faits de dol d'après ce qu'il aurait pu produire sur une personne *de prudence ordinaire*. Ni l'escroquerie, ni le dol ne se prêtent à ce procédé par commune mesure. Il s'agit de juger des actes humains, et qui sont dirigés contre des intelligences et des volontés pour lesquelles il est impossible d'établir un type-moyen qui servirait de comparaison.

Les procès en dol ou fraude offrent une question de fait. C'est aux magistrats à appliquer le principe de répression renfermé dans la loi.

Les circonstances dont on se plaint existent-elles? sont-elles prouvées? caractérisent-elles le dol ou la fraude? telles sont les questions posées dans ces procès.

Preuve.

Tous les modes de preuve sont admis. Les simples présomptions de l'homme, pourvu qu'elles soient graves, précises et concordantes, prouvent le dol (Cass. 25 nov. 1895, Pand. fr. 1896, 1, 254). Consulter l'arrêt cité au chapitre VII, *Effets de commerce* (Rouen, 3 nov. 1909).

La preuve testimoniale est admissible pour établir la remise d'un blanc-seing, alors même qu'il s'agit d'un intérêt supérieur à 150 francs, si cette remise a été accompagnée de circonstances constitutives du dol, et si les faits admis en preuve impliquent des manœuvres frauduleuses (Cass. 8 août 1878).

S'il s'agit de faits de dol ou de fraude, *l'assuré* sera admis à faire par voie d'enquête la preuve de faits outre ou contre ses déclarations écrites dans la police (Cass. 17 mars 1897 et 7 mars 1898, S. 1901, 1, 481).

Chose jugée.

Ce que le Code pénal ne peut pas atteindre comme escroquerie, la loi civile l'atteindra comme dol. Mais l'action civile pour dol diffère de l'action pénale pour escroquerie, et de l'action qui pourrait être intentée devant le tribunal correctionnel par la partie lésée, en réparation du dommage causé. Le tribunal correctionnel connaît du délit et de la demande en dommages-intérêts formée par la partie civile. S'il acquitte du chef d'escroquerie, il ne peut statuer sur la demande en réparation du préjudice, mais cette décision ne fait pas obstacle à l'introduction d'une demande en nullité de convention ou en dommages-intérêts devant le tribunal civil. Ce qui a été jugé dans le procès pour escroquerie ne peut être opposé dans un procès pour dol et en réparation d'un dol. De ce que le tribunal n'a pas trouvé dans les faits de la cause les éléments d'une escroquerie, il ne s'ensuit pas qu'on ne puisse plus dire au tribunal civil : « Voici les éléments d'un dol, jugez-nous ». Au contraire, le dol étant, dans presque tous les cas, une escroquerie incomplète, atténuée, il y a grande chance pour que dans les faits que la juridiction répressive n'a pas retenus, se trouvent les éléments d'un dol. Ce qui est certain, c'est que la chose jugée au criminel ne sera pas opposable au civil, dans les circonstances que nous venons d'exposer.

Des faits qui n'ont pas les caractères de l'escroquerie peuvent néanmoins constituer le dol, dans le sens de l'article 1116 du Code civil (Bédarride, *Du dol*, n° 19; Duranton-Larombière, Cass. 12 janv. 1852, S. 52, 1, 113; Cass. 4 avril 1895, S. 95, 1, 668).

Une décision de la juridiction répressive ne crée l'exception de chose jugée contre l'action civile fondée sur les mêmes faits, qu'autant que cette décision a reconnu soit la non-existence des faits invoqués, soit que les parties inculpées n'en étaient pas les auteurs (Paris, 29 mai 1889, D. 94, 1, 465).

L'administrateur relaxé lors des poursuites correctionnelles, n'en reste pas moins tenu, avec les autres administrateurs, de la responsabilité civile des fautes qui leur sont communes (Seine, 5 déc. 1891, *Journ. Soc.*, 1892, 544; 5 oct. 1892, *Journ. Soc.*, 1892, 537).

Le dol et la fraude faisant exception à toutes les règles de droit commun, la ratification des comptes du banquier par les clients, dans l'ignorance du caractère fictif et frauduleux de ses opérations, est sans valeur (Cass. crim. 28 avril 1911, *Gaz. Trib.*, 23 août 1911).

Tribunal compétent.

Pas de dérogation aux règles de la compétence civile et commerciale. Mais en matière de *société*, sur le point de savoir quel tribunal serait compétent pour connaître d'une action née d'un quasi-délit (dol) la jurisprudence s'est montrée d'abord hésitante.

Dans une opinion, le tribunal de commerce serait compétent.

Dans une autre opinion, le demandeur, n'étant pas commerçant, peut exercer l'action, à son choix, devant le tribunal civil ou le tribunal de commerce. Tout demandeur *non-commerçant* a le choix en ce qui concerne la juridiction.

La jurisprudence la plus récente suit cette opinion.

Les sociétés sont assignées devant le tribunal de leur principal établissement. Rigoureusement, elles ne seraient assignées valablement qu'au lieu de leur siège social, mais il est admis par la jurisprudence, qu'on assigne valablement une société devant le tribunal du lieu où elle a un de ses principaux établissements et, si elle a plusieurs succursales, devant le tribunal du lieu où ces succursales sont établies, mais seulement s'il s'agit d'actes ou d'opérations qui y ont été traitées.

Pluralité de défendeurs.

L'action dirigée contre plusieurs défendeurs, qui tend à la nullité de divers actes passés par ceux-ci, et à la condamnation solidaire de tous les défendeurs à des dommages-intérêts, qui est basée sur le dol imputé à tous les défendeurs agissant de concert, est une action personnelle qui peut être dirigée contre tous *devant le tribunal de l'un d'eux* (Cass. 17 mai 1898, S. 1902, 1, 494).

Pluralité de demandeurs.

Les actionnaires ou obligataires lésés pourraient s'entendre pour exercer ensemble l'action en justice (Cass. 26 mars 1878, D. 78, 1, 303). Voir *Supra*, ch. IV, *Union des victimes pour une action commune.*

Prescription.

La prescription court dès la naissance du droit, mais elle ne peut commencer à courir avant. La prescription de l'action en dommages-intérêts (trente ans) pour réparation d'une faute, d'un délit ou d'un quasi-délit, ne commence à courir qu'à partir du dommage éprouvé, car c'est le dommage seul qui fait naître l'action.

On pourrait penser que la prescription de l'action en rescision du contrat (dix ans) vicié par le dol a pour point de départ la convention ; mais le dol et la fraude font exception aux règles normales (art. 1304 du Code civil).

La prescription ne court, en cas de dol ou d'erreur que

du jour où ils ont été découverts et non du jour du contrat.

Mais si la demande en nullité est formée plus de dix ans après le contrat, c'est au demandeur à prouver qu'il y a moins de dix ans qu'il a acquis la preuve du dol (Fuzier-Hermann, *Prescription civile*, n° 128).

TROISIÈME PARTIE

TROIS ESCROQUERIES CÉLÈBRES

CHAPITRE XII

L'AFFAIRE HUMBERT

L'escroquerie à la succession.

C'est en 189... par une belle matinée de juin. Dans le
parc des Vives Eaux, Frédéric Humbert se promène à
petits pas, s'arrêtant parfois pour regarder la silhouette
du château au bout d'une avenue. Il flâne, mélancolique
et désœuvré. Il y a réception aujourd'hui, un déjeuner
de vingt couverts; mais ce sera assez tôt qu'il rentre
quand on entendra rouler les premières voitures surle
sable des allées. Alors il trouvera sa femme dans le
grand salon, assise au pied du portrait du premier président Humbert, attendant ses invités. Il est bon que le
visage rude et austère du sénateur Gustave Humbert,
ancien garde des sceaux, premier Président de la Cour

des Comptes, grand personnage de l'État, semble présider ces réunions qui continuent à la campagne les réceptions de l'hôtel de l'avenue de la Grande-Armée.

Ce n'est pas lui, Frédéric Humbert, homme insignifiant, peintre médiocre, qui peut attirer les députés, les conseillers d'État, les ministres d'hier et de demain, qui, dans un instant s'assoieront à sa table. Thérèse est intelligente, mais elle n'est pas jolie. C'est donc le souvenir du vieux républicain, de l'ancien ministre de la Justice qui est le bon renom de sa maison. Il y a aussi la fortune, les millions de l'héritage ! Car il y a un héritage, c'est sûr. Thérèse le dit. Elle parle de soixante millions ; elle exagère, elle est du midi, et même de la Gascogne... mais enfin, il y a des millions.

Pour la centième fois, Frédéric Humbert se tient le même discours, et pour la centième fois, enhardi et confiant, il reprend auprès de sa femme un rôle effacé mais nécessaire dans le scénario imaginé et joué depuis quinze ans par Thérèse Daurignac.

Telle est l'image, déjà un peu effacée, que présente l'escroquerie Humbert pour ceux qui n'ont pas suivi les débats du procès de 1903 : Une roublarde qui, par ses mensonges, réussit à se procurer des millions, en profitant du crédit qui s'attache à son nom ; des politiciens qui vont où il y a de l'argent et des influences utiles, des prêteurs honnêtes — mais qui — on ne sait pourquoi — n'ont pas les sympathies de l'opinion, des usuriers que personne ne plaint, des clients de la *Rente Viagère* qui seront remboursés, voilà les personnages de la comédie. Mais, si grande que soit la sottise humaine, ces éléments n'auraient pas suffi à faire vivre des gens qui ne possèdent rien, sur le pied de 300.000 francs par an, et pendant vingt ans. Au moment de leur fuite (1902) les Humbert ont 110 millions de dettes, que les experts après examen des billets souscrits aux usuriers ramènent à 60 millions. Sans fortune personnelle, sans ressources, ils ont pu acheter : un hôtel, avenue de la Grande-Armée, le château des Vives Eaux près Melun, la ferme d'Orsonville, le domaine de Celeyran, six maisons dans Paris, le tout estimé 3.500.000 francs. Les dépenses, le train de maison, les réceptions augmentent chaque année. En 1900, deux ans avant la catastrophe, Mme Humbert paye 32.000 francs chez Worth, 97.000 francs chez Doucet, 58.000 francs chez son bottier. Et sans doute, on a vu des aventuriers duper des fournisseurs et des hôteliers et disparaître un beau soir, emportant les marchandises et laissant les notes impayées, mais l'escroquerie Humbert est certainement unique par sa durée.

C'est une explication trop facile que de dire que la justice et les puissants du jour furent — sans le savoir — les complices de cette formidable supercherie. La vérité est que le Parquet, jusqu'à la demande de remboursement formulée par la Banque Cattaüi (1901), n'avait reçu qu'une plainte, celle d'une dame G... qui, pour affirmer sa créance, avait menacé de tirer des coups de pistolet sur les fenêtres de l'hôtel de l'avenue de la Grande-Armée. Pauvre folle ! pensa-t-on, et on enferma cette sceptique dans un asile. La vérité est qu'une rusée Gasconne parvint à rouler tout le monde. Et d'abord son mari.

En 1878, Frédéric Humbert épousait, à Toulouse, Thérèse Daurignac. Il croyait épouser une riche héritière. Le père Daurignac parlait volontiers d'une importante succession à recueillir, mais ce n'était pas encore l'héritage Crawford. Il s'agissait d'un château de Marcotte appartenant à une vieille demoiselle qui laisserait tous ses biens à Thérèse. Le père Daurignac avait fini par convaincre le père de Frédéric, M. Gustave Humbert, ancien professeur à la Faculté de Droit de Toulouse, sénateur inamovible, bientôt procureur général à la Cour des Comptes, qui parut enchanté de ce mariage, bien que Thérèse fût plus âgée que son fiancé. Cependant, le jour de la noce, la situation des Daurignac était si misérable que la mariée ne pouvait pas payer son coiffeur et qu'elle lui empruntait 2.000 francs pour régler les voitures et autres frais.

Le jeune ménage s'installa à Paris. Le mari n'a pas de situation, la femme n'a pas de fortune. Vivre d'expédients n'a qu'un temps. On aurait obtenu une situation pour Frédéric, licencié en droit, et fils d'un haut fonctionnaire de la République ; mais la médiocrité pouvait-elle convenir à sa femme ? On doit penser qu'à ce moment, Thérèse avoua à son mari le néant des gasconnades du père Daurignac, mais qu'elle l'entraîna facilement à exploiter la sottise humaine.

D'une victime, elle fit un associé, un complice. Et à eux deux, ils furent assez inventifs et assez habiles, pour prolonger pendant vingt ans une escroquerie à la succession.

L'escroquerie au Trésor, l'escroquerie au testament, fraudes médiocres et qui ne réussissent qu'une fois. Or, on a fait l'addition des échéances inscrites sur le carnet de Frédéric de 1882 à 1902, et on a trouvé le chiffre énorme de 700 millions et les principaux créanciers ne sont pas des naïfs : ce sont des banquiers, des notaires, des usuriers !

Il est vrai que nos escrocs trouvent un appui remarquable dans l'autorité dont jouissait le sénateur Gustave Humbert. Ce personnage qui devint ministre de la Justice, puis premier Président de la Cour des Comptes, fut roulé par sa belle-fille comme un simple collégien. Il croit d'abord qu'elle a hérité d'un riche Portugais. Les cohéritiers soulèvent des difficultés et l'ancien professeur de droit ne s'en rapporte pas à ses lumières. Il consulte un éminent jurisconsulte, M. Accarias, et lui parle des droits de succession que son fils vient de verser au fisc.

Puis la succession portugaise se change en succession américaine. C'est un citoyen des États-Unis, Robert Crawford, décédé à Nice, qui a laissé à Thérèse Daurignac, 20 millions. Et Gustave Humbert, devenu Garde des sceaux, examine attentivement les assignations délivrées par les neveux Crawford, étudie avec Frédéric l'attitude à prendre, la procédure à engager, annote de sa main les projets de transaction.

Car, un pareil héritage suscite des revendications. Un Américain ne laisse pas vingt millions à une Française sans que des héritiers du sang ne réclament. Le coup d'audace du ménage Frédéric-Humbert fut d'appuyer le mensonge de la succession de l'autorité des jugements et arrêts rendus sur les contestations nées à propos de cette succession. On aurait cru à leurs affirmations pendant un certain temps, mais les créanciers se seraient lassés. Comment douter de l'héritage, quand on voit d'autres cohéritiers faire une guerre acharnée pour s'en voir attribuer la possession !

Cela n'est rien encore. Si les contestations portent sur la validité du testament ou sur la qualité des héritiers on plaidera pendant quelques années, en allant devant tous les degrés de juridiction, mais ces procès auront une fin. Et puis, on sera contraint de montrer le testament. Or, il n'y a pas de testament. L'admirable invention des Humbert, leur trait de génie, fut de trouver le moyen de plaider pendant vingt ans sans qu'il fût nécessaire une seule fois de produire le testament devant la justice. Et voici ce qu'ils imaginèrent :

Henri-Robert Crawford, mort en septembre 1877 à Nice, laissait deux testaments, *de la même date*, léguant par l'un toute sa fortune à Thérèse Daurignac, et par l'autre laissant un tiers de ses biens à Maria Daurignac (sœur de Thérèse), un tiers à son neveu Henri Crawford et le dernier tiers à Robert Crawford, frère de Henri. Mais ses neveux Robert et Henri devaient servir à Thérèse une pension viagère de 30.000 francs par mois.

Plaiderait-on sur ces testaments *du même jour* inconciliables? Ce n'était pas la peine de les inventer. Non. Les adversaires signèrent une transaction provisoire le 14 mars 1883 :

> Entre les soussignés :
>
> M. et Mme Humbert.
> MM. Henri Crawford et Robert Crawford,
> Il a été convenu ce qui suit :
> Toutes les valeurs et tous les titres constituant l'actif de la

succession de M. Crawford sont mis sous séquestre et confiés à la garde de M. et Mme Humbert, sous leur responsabilité, jusqu'à ce que, par suite de la majorité de Mlle Daurignac, tous les héritiers sans exception, institués dans l'un ou l'autre testament, puissent s'entendre amiablement pour une transaction équitable, ou qu'à défaut de transaction, les tribunaux aient statué sur les droits de chacun par jugement définitif.

Jusqu'à ce que l'une de ces deux solutions soit intervenue, M. et Mme Humbert s'engagent à conserver fidèlement dans leur nature tous les titres qui leur seront confiés en dépôt; ils ne pourront, sous aucun prétexte, aliéner aucune de ces valeurs ni les engager pour un emprunt, ni changer le mode de placement d'aucune des sommes qu'elles représentent; ils toucheront les arrérages, à charge d'en faire, dans les trois jours du payement, le placement en rentes sur l'État français au porteur, à moins que les autres parties jugent opportun de différer momentanément ce placement.

Ils devront représenter la totalité des valeurs à toute réquisition de MM. Crawford ou de leurs mandataires et justifier du placement régulier des arrérages.

M. et Mme Humbert s'engagent sur leur parole d'honneur à ne rien changer sous aucun prétexte aux conventions qui précèdent sans le consentement de MM. Crawford.

Pour le cas où M. et Mme Humbert viendraient à manquer à un seul de ces engagements, ils déclarent d'ores et déjà renoncer à la totalité des biens de la succession : alors MM. Crawford seraient seulement tenus de servir à M. et Mme Humbert la susdite rente mensuelle viagère de 30.000 francs réversible, en cas de prédécès de l'un d'eux, sur la tête de son conjoint.

Fait à Paris, le 14 mars 1883, en autant d'originaux que de parties intéressées.

Approuvé l'écriture ci-dessus et autorisant ma femme,

Robert CRAWFORD   Frédéric HUMBERT

Henri CRAWFORD   Thérèse HUMBERT.

L'année suivante, la transaction devint définitive par cet échange de lettres :

Paris, le 9 décembre 1884.

A Monsieur et Madame Humbert,

Nous nous engageons solidairement à reconnaître nul le testament de notre oncle où nous sommes nommés ét à ne plus rien réclamer jamais de son héritage, si vous vous engagez, de votre côté, envers nous, à remettre à chacun de nous trois millions comme transaction.

Recevez nos félicitations.

H. CRAWFORD. R. CRAWFORD.

Deux jours après, les Humbert répondaient :

Paris, le 14 décembre 1884.

A MM. H. et R. Crawford, Hôtel Westminster,
rue de la Paix, Paris.

En réponse à votre lettre du 9 courant, par laquelle vous nous proposez de renoncer à tous les droits que vous pourriez avoir sur la succession de votre oncle, moyennant la somme de trois millions de francs à remettre à chacun de vous deux à titre de transaction, nous avons l'honneur de vous faire connaître que nous acceptons cette proposition.

Recevez nos salutations.

T. HUMBERT
F. HUMBERT.

On devine la suite de l'histoire : C'est sur la transaction que les Humbert et les Crawford plaideront : c'est cette pièce qu'ils produiront devant les magistrats après l'avoir montrée aux notaires, aux banquiers, et aux usuriers.

Les accords signés, les Crawford refusèrent de s'exécuter. Leur prétention était qu'ils n'avaient signé un arrangement que sous la condition que Maria Daurignac accorderait sa main au fils de l'un d'eux.

Maria Daurignac, sœur de Thérèse, fut ainsi pendant dix-neuf ans, la fiancée d'un homme qui n'existait pas, mais qui épuisait toutes les ressources de la procédure pour obtenir sa main. Mme Humbert avait amené sa sœur et ses frères à Paris et elle les avait à sa charge, mais elle les faisait mouvoir selon les circonstances sur l'échiquier où elle jouait sa formidable partie. Romain, le joyeux Gascon, sert de factotum et trouve des compères pour tenir le rôle des Crawford, de passage à Paris, et qu'il était utile de montrer aux prêteurs; Émile, décoratif et grave, sera le principal fondateur de la Rente Viagère; Maria met dans l'escroquerie de sa sœur la note sentimentale.

Un jour, il s'agit de décider un prêteur, M. D..., notaire qui arrive de province. Mme Humbert lui indique que Maria Daurignac a enfin consenti à se marier et qu'elle va être conduite à Dammarie-les-Lys, sur la tombe de sa mère, pour y renouveler sa promesse et son engagement solennel d'épouser le jeune Henri-Robert Crawford. On lui offre de voir le trousseau de la jeune fiancée. Il y a un dîner de fiançailles, des publications à la mairie! On demande à un notaire un projet de contrat de mariage. Les époux adopteront le régime de la séparation de biens, ce qui est, en effet, très américain. L'idylle des fiançailles dure pendant dix-huit mois, de 1897 jusqu'au milieu de 1898!

La manœuvre est habile, mais vous entendez bien que

nos escrocs ne s'adressent pas à des naïfs, à de petites gens, faciles à duper. Ils ont besoin de grosses avances ; il ne suffit pas d'éblouir, de frapper l'imagination, il faut convaincre par des documents, des preuves.

Les documents, c'est, avec la transaction, les jugements et les arrêts, un procès-verbal de remploi fait en exécution des conventions. Chaque trimestre, les arrérages de la fameuse succession doivent être employés en rente française 3 %. Remploi est fait en 1894, et aux prêteurs méfiants, Mme Humbert communique le procès-verbal ainsi rédigé :

Entre les soussignés, M. et Mme Humbert, Mlle Daurignac, M. Ed. Parmentier, avoué au Havre, agissant comme mandataire à ce sujet de MM. Robert et Henri Crawford, il a été dit et fait ce qui suit : en conformité du séquestre conventionnel, en date à Paris du 14 mars 1883, de la convention additionnelle du 9 déc. 1884 et des accords verbaux intervenus entre les parties, M. et Mme Humbert avaient remis le 3 courant au mandataire de M. Crawford, la somme de 587.660 francs, *représentant le dernier trimestre* des arrérages encaissés par eux sur les titres de la succession séquestrée, à charge d'en faire opérer le remploi en rente française 3 %.

En conséquence, M. Parmentier, ès-qualités, remet ce jour à M. et Mme Humbert qui le reconnaissent les titres de rente 3 % qui *constituent le remploi de la susdite remise*, déclaration faite du courtage de l'agent de change, ces titres sont mis, suivant l'usage, sous pli cacheté, avec un exemplaire du présent procès-verbal.

Fait à Paris, en double original, le ... 1894.

Elle fait mieux, elle montre sous les scellés délicatement soulevés, les billets de banque placés dans les grandes enveloppes ! Enfin, pour lever les derniers doutes d'un prêteur qui avance 10 millions, elle le place derrière une tapisserie, pendant que dans la pièce voisine Frédéric et le représentant des Crawford détachent les coupons. « On appelait les numéros des titres et le chiffre des rentes, a déclaré M^c D... devant la Cour d'assises, il y avait pour 60 millions de titres. Une autre fois, Mme Humbert me pria de passer chez elle. J'étais venu à Paris pour l'Exposition de 1889, je me rendis à son hôtel. — M. Crawford est, me dit-elle, ici en ce moment pour faire la vérification des titres; il vient de la commencer. Je vais vous introduire dans l'appartement où se fait cette vérification. Mais s'il pensait que vous êtes un créancier ou une personne venant pour nous faire du crédit, il ne vous laisserait rien voir. Je vais donc vous faire passer pour un de mes parents. Vous allez être censé venu à Paris pour voir l'Exposition; nous allons parler de choses banales, insignifiantes, de votre famille, de vos voyages; cela vous permettra de rester plusieurs minutes en présence de M. Crawford et des titres qu'il a entre les mains; et quand vous serez satisfait, vous vous en irez.

« Je suis entré dans le cabinet de travail de M. Frédéric Humbert, où se faisait la vérification. J'y ai trouvé avec lui un monsieur en train de compter des valeurs, des titres de rente au porteur sur l'État français.

« On les comptait, on les pointait : Tant de titres de 3.000 francs; tant de titres de 2.000 francs, ... comme on fait dans les affaires. M. Humbert et celui que je prenais pour M. Crawford firent trois paquets que j'évaluai chacun à 18 ou 20 millions de francs, ce qui me donnait au total environ 60 millions de francs, c'est-à-dire le chiffre indiqué comme étant celui de la fortune. »

Plusieurs fois, d'un salon voisin, par une portière soulevée, Me D... a vu faire la même opération. Il ne prêtait plus attention à ces séances. Elles ne l'intéressaient plus, tant sa confiance était forte.

Mme Humbert voulut la fortifier encore;

« Un jour, en 1894, j'arrivai pendant qu'on détachait les coupons. Comme il y en avait beaucoup, Mme Humbert me pria d'aider son mari et M. Crawford. Je passais toujours pour un parent qui venait rendre visite à son cousin ou à son neveu.

« Je m'assis au bureau. On me passa une liasse de titres. Mme Humbert me donna ses ciseaux que je trouvais un peu petits, car je n'ai pas une main de dame, et cela me fatiguait (*rires*). Je détachai une certaine quantité de coupons. Mais ma conviction était faite depuis longtemps sur l'importance de la fortune, je ne cherchais plus à évaluer pour combien il y avait de titres sur la table devant moi [1]. »

Les Humbert eurent le don du pittoresque et avec l'audace, l'aplomb et une activité prodigieuse, ils purent tenir à Paris de 1882 à 1902, et mener la vie la plus brillante et la plus enviée.

A peine ont-ils imaginé la fable de l'héritage, qu'ils s'installent rue Fortuny, donnent de brillantes réceptions dans leur hôtel. Puis en 1885, ils achètent un hôtel avenue de la Grande-Armée. Le sénateur Humbert est ministre de la Justice, et Frédéric devient son chef de cabinet. Puis Frédéric est élu député de Seine-et-Marne,

---

1. Henri Varennes, *Un an de justice*, 1902-03, p. 335.

et son père est nommé premier Président de la Cour des Comptes. Les procédures se déroulent avec toute la solennité et l'ampleur que demande un procès dont l'intérêt est si important, et qui intéressent des plaideurs si considérables. Les experts ont évalué à 400.000 francs les frais de procédure payés.

On a vivement critiqué les avoués qui ont occupé pour les Crawford, et les magistrats qui les ont jugés. On a eu tort. Il est à peu près impossible que l'identité des clients soit vérifiée, parce que rien n'autorise à exiger qu'ils en apportent la preuve. On prétend que M\u1d49 Parmentier n'aurait pas dû se contenter d'une procuration. Mais Romain Daurignac ou un autre compère aurait parfaitement tenu le rôle de Crawford et l'avoué aurait été dupé. Aussi bien faut-il se rappeler que M\u1d49 Dupuy, notaire à Bayonne, a reçu les Crawford dans son étude lorsqu'il a rédigé la procuration générale pour leur avoué, M\u1d49 Parmentier. M\u1d49 Parmentier, avoué au Havre, s'est entretenu avec eux et a vu le fils de Robert Crawford, le jeune Henri, le fiancé de Maria Daurignac. Un huissier parisien les a interpellés, « *parlant à leurs personnes* » et leur a fait une signification dans l'hôtel du Louvre, où ils étaient descendus. Quant aux magistrats, ils jugent sur les pièces de la procédure, et dans une affaire contradictoire, ils n'ont pas à se préoccuper de l'identité des plaideurs.

Thérèse savait cela et que la vie à Paris se prête à une comédie de ce genre et à une farce de cette force. Sa trouvaille a été d'imaginer le conflit entre elle et les neveux de Crawford. Son mari, procédurier plein de ressources, sut tirer parti de la situation.

Les Crawfords! quels adversaires! quels procéduriers!

disait-on au Palais. Vraiment, ces Américains se montrent par trop intraitables.

Ils ont épuisé tous les moyens, que veulent-ils encore? Ne laisseront-ils pas les Humbert jouir en paix d'une transaction dont la validité ne peut plus être contestée? C'est mal connaître ces Américains affreusement intéressés. Tout était fini. Enfin, on ne plaiderait plus. Savez-vous ce que ces plaideurs infatigables ont trouvé? Au cours de janvier 1890, la première Chambre de la Cour d'appel de Paris rend un arrêt qui met fin, semble-t-il, à l'affaire Crawford-Humbert. Comment faire pour continuer la comédie judiciaire? Frédéric a fait de sérieuses études à la Faculté de droit de Toulouse. Il appelle les Crawford à la rescousse.

« Les Crawford n'ont-ils pas eu l'audace (ceci est fantastique!) eux qui n'existent pas, de s'inscrire en faux contre l'arrêt de la Cour de Paris, de porter une plainte en faux contre le Président de la première Chambre de la Cour d'appel de Paris, sous le prétexte qu'entre la rédaction définitive de l'arrêt et son texte, au moment où il avait été lu rapidement à l'audience par le Président, il y avait eu une différence, une modification! »

« L'inscription de faux fut suivie jusqu'au bout, elle fut discutée devant la Cour de cassation qui par un arrêt de 1892 déclara solennellement que l'inscription de faux n'était pas recevable (Cass. req. 11 janv. 1892, D. P. 93, 1, 65). On gémissait de voir ces pauvres gens lutter contre des adversaires qui déployaient à leur égard tant de fourberie, de malice, et de mauvaise chicane[1]. »

1. Réquisitoire de M. l'avocat général Blondel, devant la Cour d'assises, août 1903.

Or, c'est Frédéric qui, après avoir entendu l'arrêt, a fait demander au Président d'ajouter sur la minute un mot qu'il juge utile et que le magistrat a oublié dans le prononcé en audience publique !

Tout est énorme dans cette affaire, le mensonge, les prêts, la farce. Le mobilier de l'hôtel, avenue de la Grande-Armée, est vendu 1.800.000 francs après la débâcle. En 1901, Mme Humbert vend pour 2 millions de diamants. Sans doute, il fallait éblouir, mais quel prodige que de mener ce train de vie, quand on a pour toute fortune trois titres de rente de 3, 4 et 8 francs, qu'on transforme en titre de 40.000, 30.000 et 80.000 francs, de donner en gage à un créancier une hypothèque sur le château de Marcotte qui n'existe pas ! Quelle audace que d'inviter en son hôtel, et dans son château et à ses chasses, les magistrats devant qui se joue la bouffonnerie du procès Crawford !

Cependant ces princes de l'escroquerie firent une faute de tactique quand ils eurent l'idée bizarre de fonder la « Rente Viagère », sorte de société d'assurances.

Désiraient-ils augmenter leurs revenus, espéraient-ils simplement trouver de nouvelles dupes ? Quoi qu'il en soit, ils se plaçaient ainsi dans l'espèce vulgaire des lanceurs d'affaires véreuses, et ils laissaient l'escroquerie au testament où ils étaient passés maîtres.

On sait comment finit l'histoire de Thérèse, de Frédéric, d'Émile et de Maria. Après dix-neuf ans, il se trouva un créancier pour réclamer le remboursement de ses avances (1901). C'était M. Cattaui, banquier. Thérèse riposta à ce prêteur intransigeant par une plainte pour usure. Une instruction fut ouverte, M. Cattauï furieux se répandit en menaces. L'étoile des Daurignac pâlit. On se demanda si l'histoire de la succession et du coffre-fort aux millions n'était pas une fable avec laquelle les Humbert dupaient Paris et la province. Un journal à qui toutes les audaces étaient familières se fit l'écho de ces sceptiques.

Cela ne parut point émouvoir les autres créanciers qui représentaient cependant 57 millions. Mais la campagne de presse continua. Elle irrita les magistrats dont on marquait la naïveté ou l'imprudence, et la veille du jour où devait se plaider un procès Crawford-Humbert, le premier Président Forichon exigea que le fameux coffre-fort fût ouvert. Cela se passait le 6 mai 1902 et l'ouverture du coffre fut décidée pour le 9. Mais dans la nuit du 8, Thérèse, Frédéric, leur fille, Romain et Maria Daurignac s'enfuirent en Espagne. Émile et sa femme parurent le soir à l'Opéra dans la grande loge, afin de couvrir la retraite.

Arrêtés et renvoyés devant la Cour d'assises, ils furent jugés (août 1903) et condamnés : Thérèse et Frédéric à cinq ans de réclusion ; Romain Daurignac à trois ans de prison ; Émile, à deux ans de prison. Quant à Maria, l'éternelle fiancée de Robert Henri Crawford, elle avait bénéficié d'une ordonnance de non-lieu à raison de sa bonne foi.

Pour avoir vécu comme ces gaillards ont vécu, de 1882 à 1902, ce n'est pas payer cher et on peut dire que, même dans la catastrophe, les Humbert ont eu de la chance.

CHAPITRE XIII

L'AFFAIRE LEMOINE

L'escroquerie à l'invention.

L'aventure de Lemoine, qui occupa la chronique pendant plus d'une année, donne la mesure de la crédulité humaine. Elle est la plus étonnante farce qui ait dupé l'imagination depuis plusieurs siècles. Dans l'affaire Humbert, les escrocs sont aidés par l'importance de leurs relations, la respectabilité du nom. Thérèse emploie à merveille ces éléments, dont elle ne pouvait se passer pour tenir longtemps le rôle d'héritière de Crawford. Lemoine n'a pour lui que sa merveilleuse audace, et la séduction de sa personne. Il ne s'adresse pas au public. S'il avait voulu il aurait placé les actions d'une société pour la fabrication du diamant et l'imagination du public aurait répondu à son appel. Mais à quoi bon éparpiller en prospectus ou circulaires son génie propre, sa force, qui est l'art de mentir hardiment, joliment, avec autorité et avec grâce, qui est l'art même du camelot, qui tient à sa personne et veut s'exercer directement. Un camelot, beau garçon, grand, les épaules larges, le visage agréable, encadré d'une épaisse barbe noire, les yeux vifs et caressants tour à tour, grave, aimable, arrogant, marquant la bienveillance du savant qui consent à livrer son invention et dont le boniment, du premier coup ou presque, retient et séduit Sir Julius Wernher, gouverneur à vie de la de Beers, la première compagnie de mines de diamants du monde.

Le 5 mai 1905, Sir Julius Wernher met à la disposit de Lemoine 10.000 livres sterling (250.000 francs) en vue de l'aménagement d'une usine destinée à la fabrication du diamant blanc artificiel et il s'engage à lui verser 80.000 livres sterling (2 millions de francs) contre justification de la fabrication, dans cette usine, d'une certaine quantité de ce diamant blanc artificiel et ce, pour acquérir le droit de participer par moitié à l'exploitation de ce produit.

Lemoine s'engageait à déposer dans une banque, sous scellés, des instructions complètes se rapportant à son procédé de fabrication du diamant, instructions tellement simples, disait-il, que n'importe quelle personne ayant quelques notions de chimie expérimentale serait à même de fabriquer ce produit. Mais il était entendu que le pli scellé, placé dans les coffres de l'Union-Bank, ne pourrait être ouvert par Sir Julius Wernher qu'en cas de décès de Lemoine.

Jusque-là et par son impudence, Lemoine avait extorqué 250.000 francs. Mais quand on s'adresse au Roi du diamant, c'est pour arriver aux gros chiffres. Lemoine escroqua à Sir Julius Wernher un million 500.000 francs, et pour y arriver, prétendit faire du diamant sous ses yeux.

Cet homme, dont les études médiocres n'avaient abouti à aucun diplôme, mais qui se disait ingénieur des

Mines, installe à Paris, 81, rue Lecourbe, un laboratoire, soigneusement fermé et dont lui seul a la clef.

C'est là qu'il emmène mystérieusement un de ses bailleurs de fonds, qui fut aussi sa victime, M. M..., inspecteur du Bon Marché. Pour frapper l'imagination de M. M..., il prend les allures de l'alchimiste qui a trouvé la pierre philosophale. La curiosité du bonhomme est tellement surexcitée qu'il arrive à penser que Lemoine veut l'évincer et garder pour lui seul les bénéfices de la fabrication du diamant. Pendant un voyage de l'ingénieur, il force la porte du laboratoire, prend les papiers et fait photographier toutes les pièces importantes à six exemplaires, dont il compose six dossiers qu'il dépose dans six endroits différents!

Avec Sir Julius Wernher, ancien expert de la maison Porgès pour l'achat des diamants, qui a résidé quinze ans au Cap, et avec ses associés qui ont fait leur fortune dans le commerce de diamants, il faut se montrer moins comédien, il faut surtout montrer quelque chose et sortir des diamants du creuset.

Le 12 mai 1905, a lieu une première expérience, en présence de M. Wernher et de M. Feldenheimer, diamantaire de Londres. Elle est relative au boart, matière dure d'une composition analogue à celle du diamant et qui sert dans les tailleries de pierres précieuses pour le polissage. Elle aboutit à la découverte dans le creuset de 340 carats environ de boart. Lemoine avait promis du boart, il en donne. Il gradue ses effets et on attend jusqu'au 1er septembre pour l'expérience décisive, celle qui aboutira à la fabrication du diamant.

Cette fois, c'est M. Beit, associé de M. Wernher, qui s'installe devant le four électrique du laboratoire de la rue Lecourbe. Lemoine verse dans un creuset une poudre noire composée selon sa formule secrète et place le creuset dans le foyer. Après quelques instants, il arrête le courant, déclare gravement que l'expérience est terminée, refroidit le creuset. M. Beit s'approche, et on trouve mélangés aux scories et aux cendres, une vingtaine de diamants blancs qui furent adressés à Sir Julius Wernher. Le tour avait été si bien joué que Sir Julius Wernher versa 250.000 francs et parla de l'affaire à M. Oats, directeur ingénieur de la de Beers qui voulut voir.

Une troisième expérience eut lieu le 18 septembre devant ce technicien. Lemoine retira du creuset un lot de pierres dont huit à dix grenats et un diamant en forme de poire. M. Oats se retira sceptique. Les manœuvres de Lemoine, la façon trop vive avec laquelle il se précipitait sur le creuset refroidi pour remuer la matière, lui laissaient l'impression d'une mystification. Mais tout de même il y avait des diamants dans le creuset et Wernher versa encore 1.200.000 francs!

Mais l'alchimiste réclamait l'exécution du contrat, c'est-à-dire encore de l'argent. Une quatrième expérience lui fut demandée qui ébranla la confiance du gouverneur à vie de la de Beers (11 décembre 1905). Lemoine fixa la séance à la fin de l'après-midi, laissa l'obscurité envahir le laboratoire et ne permit à personne de s'approcher du four électrique. Mais, oh! surprise, il retira du creuset du « mêlé », c'est-à-dire du tout petit diamant et un diamant gros et taillé! Son associé mit le tout dans sa poche. Il n'était plus rassuré du tout, car il avait placé ce diamant taillé dans le creuset à l'insu de Lemoine et il le retrouvait intact, malgré la haute température à laquelle l'ingénieur prétendait porter le four électrique. Il y avait supercherie.

L'histoire de cette escroquerie se serait arrêtée là, si Lemoine avait su modérer son appétit. Sa victime, honteuse et confuse, ne tenait pas à se vanter de son excès de naïveté, et pour elle un million de francs était une bagatelle. Mais Lemoine qui se sent démasqué cherche d'autres bailleurs de fonds et, pour les convaincre, il leur présente les traités signés par le gouverneur de la de Beers. Des informations passent dans les journaux financiers. On apprend qu'un ingénieur a trouvé le secret de la fabrication du diamant. Le commerce, la Bourse sont impressionnés. Sir Julius Wernher se décide à porter plainte. Lemoine est arrêté à la fin de 1907.

La difficulté est de prouver que le plaignant a été trompé, c'est-à-dire que Lemoine n'a pas fabriqué du diamant et que les expériences n'ont été que des manœuvres frauduleuses. C'est ici que le gouverneur de la de Beers apparut comme un bel exemple de la crédulité, et disons-le, de la sottise humaine. Une partie des diamants retirés du creuset dans le laboratoire de la rue Lecourbe étaient les diamants fournis par sir Wernher lui-même à Lemoine qui avait demandé des échantillons pour ses recherches. L'autre partie venait d'un lot de diamants bruts achetés par la femme de Lemoine quelques jours avant l'expérience du 1er septembre ; les pierres avaient été clivées et sondées dans les ateliers de MM. de Haan qui les reconnaissaient nettement. Et tous ces diamants provenaient de la Jagersfontein, mine du Cap que Sir Julius Wernher, MM. Beit et Oats connaissent aussi bien que la de Beers! Prestidigitateur habile, Lemoine les plaçait dans le creuset avant l'expérience ou après, pendant qu'il remuait les matières formées. Un simple tour de passe-passe et l'homme qui a fait sa fortune dans le commerce des diamants croit.

Tant de candeur a surpris, et Lemoine — qui, en bon camelot, connaît son public — a profité de cet étonnement. Il a dit, et une partie de l'opinion l'a suivi, que Sir Wernher était son complice et que toute cette comédie avait été organisée pour persuader le monde des affaires, faire croire à la fabrication du diamant et amener une baisse sur la de Beers. En vérité, en s'adressant au gouverneur à vie de la de Beers, il avait compté sur la confiance étonnante qui s'attache à l'avenir de la science. Fabriquer du diamant! Mais les savants ne nous habituent-ils pas à toutes les surprises. Ne prétend-on pas fabriquer maintenant d'autres pierres précieuses? Pourquoi pas le diamant? L'audace de la part de l'escroc est de penser que ce sentiment sera assez fort pour dispenser de se renseigner sur l'inventeur qui apporte une si belle découverte. Voilà, à mon avis, le côté curieux de cette escroquerie.

L'avocat général qui occupait le siège du ministère public, pendant les débats de l'affaire, a donné de la surprenante naïveté des victimes de Lemoine, une autre explication. Il a dit à la Cour :

« M. Wernher a eu une origine modeste. Il n'a pas fait des études complètes. Dans tout ce monde de diamantaires, de millionnaires et peut-être de milliardaires, il ne semble pas qu'on rencontre des connaissances scientifiques très étendues ; je vous ai déjà parlé de la lettre Beit, de la confusion énorme que ce dernier a faite sur la quantité de chaleur qu'on peut atteindre dans un four électrique. Je n'ose pas, par discrétion, vous rappeler qu'il vous est passé sous les yeux, des lettres de diamantaires qui n'ont pas des connaissances littéraires très développées. M. Wernher n'est pas ingénieur comme Lemoine, il n'a aucune prétention à l'omniscience et il a parfaitement pu être trompé par cette formule qui, suivant les uns, est une polissonnerie, qui, suivant les autres, est une ânerie. Eh bien ! s'il me semble résulter que, dans cette affaire, M. Wernher a été crédule, et M. le Bâtonnier vous disait l'autre jour que les savants le sont facilement, nous pouvons conclure aujourd'hui que les gens riches, les millionnaires, le sont encore plus quand il s'agit d'ouvrir les cordons de leur bourse. »

Cette opinion qui explique que l'art de s'enrichir puisse s'allier avec une certaine sottise est-elle exacte? Quoi qu'il en soit, tous ceux que Lemoine a trompés, avant, après ou en même temps que Wernher : Feldenheimer, marchand de diamants à Londres, qui le présente à Sir Julius Wernher, lord Armstrong, Siegman, Moine, Mme Clarke, commerçante avisée, d'autres encore connaissent les affaires. Pas un instant ils ne songent à se renseigner sur ce beau parleur, qui vante sa découverte.

D'où venait ce séduisant alchimiste? Où avait-il appris le secret de changer une vile matière en pierres pré-

cieuses? Il se disait ingénieur des Mines de l'École de
Milan. On peut tout croire d'un homme dont on ne sait
rien, et on ignorait tout de ses origines, de sa famille,
de ses études. Son mariage avec une aventurière fameuse
pouvait-il étonner l'élégant scepticisme qui est de mode
dans le monde des affaires? Aussi quelle surprise,
quel effondrement quand la police lui mit la main au
collet!

Il existe en France une institution admirable, c'est
le service du casier judiciaire, mais quand on s'en sert,
il est trop tard pour le public exposé aux ruses des
coquins. Le premier renseignement que le juge d'instruction recueillit sur Lemoine fut le relevé de ses anté-
cédents judiciaires. Henri Lemoine avait été condamné
à quatre ans de prison par la Cour d'assises de la Seine,
le 6 novembre 1902, pour faux et usage de faux!

Pendant cette retraite obligatoire, son esprit ne reste
pas inactif. Il met au point son projet d'escroquerie à
l'invention. Déjà, en 1899, il est allé à Londres, il a vu
Feldenheimer, grand marchand de diamants, il lui a
montré du boart de sa fabrication. En 1904, dès qu'il
sort de prison, il retourne à Londres, dit à Feldenheimer
qu'il vient de faire un séjour au Cap et lui promet des
diamants de ses creusets.

Hardiment, fortifié sans doute par une condamnation
que tout le monde semble ignorer, il s'attaque aux millionnaires et leur présente une invention digne d'eux.
Les commanditaires plus modestes ne l'intéressent pas.
Il a bien pris l'argent de M. Moine pour payer ses
voyages à Anvers et à Londres. Il a bien été présenté

à Mme Cl..., à qui il a exposé un système merveilleux pour faire le mouvement perpétuel, et il en a reçu 1.000 francs pour prendre le brevet et 1.000 francs pour faire fabriquer un appareil, et elle s'est engagée à lui verser 20.000 francs pour organiser l'affaire ; mais une invention « dont la base résidait dans l'attraction et la répulsion des molécules de l'air » ne frappe pas l'imagination comme la fabrication du diamant. Et, en effet, Mme Cl..., dupée en 1904 par la fable du mouvement perpétuel, versera, en 1906, 30.000 francs pour que Lemoine puisse faire du diamant. A la vérité, Lemoine montre les traités Wernher. La confiance du gouverneur de la de Beers est ébranlée (1906), mais il reste les actes d'association qu'il a signés. En les produisant, on trouvera d'autres bailleurs de fonds. Lemoine s'adresse à M. Gardner, à M. Jackson. Il fait des expériences et trouve des diamants dans le creuset (février et mars 1907). C'est à cette époque qu'il écrit à M. Wernher : « Si je n'ai pas continué les expériences avec vous, c'est que vraiment, je n'ai pas l'intention de servir de polichinelle aux gens de votre entourage. »

Ne trouvez-vous pas merveilleux la manière de cet escroc?

Il fut insolent jusque dans sa fuite.

Mis en liberté provisoire, sous caution de 50.000 francs, afin de continuer ses expériences, Lemoine se rendit pendant quelques jours dans une usine de Saint-Denis qu'il avait louée, puis un beau matin, il passa la frontière. Mais il prit soin d'écrire au juge d'instruction une lettre dont voici le texte :

Paris, le 16 juin 1908.

Monsieur le juge d'instruction,

Je ne me présenterai pas devant vous le 17 juin... Je n'ai pas obtenu dans l'usine de Saint-Denis les résultats attendus, et, grâce aux manœuvres de la partie civile, Mme Clarke ne me laisse plus la disposition de son usine. Il va me falloir partir ailleurs pour continuer mes études. Si je réussis, je viendrai vous apporter le diamant, résultat de mes recherches. Je prends la résolution de partir à cause du bruit, dont la presse s'est fait l'écho, que j'allais être arrêté.

Veuillez agréer...

Signé : LEMOINE.

Même insolence, même polissonnerie, ce fut le mot d'un expert, la fameuse formule secrète sous pli cacheté et signé par Sir Wernher et Lemoine et déposé dans une banque anglaise. Le juge d'instruction avait obtenu difficilement des autorités anglaises la remise de cette pièce. Lemoine en fuite, on ouvrit enfin l'enveloppe avec toutes les formalités requises et voici ce que le juge lut à haute voix devant les plaignants et les experts.

« Je soussigné Henri Lemoine, déclare que pour faire du diamant, il suffit d'employer le procédé suivant:

« 1° Prendre un four électrique;

« 2° Prendre de la poudre de charbon de sucre;

« 3° Placer ce charbon de sucre dans un creuset;

« 4° Déposer le creuset dans le four et chauffer et porter le courant à 1500 ou 1800 ampères, sous une tension de 110 volts;

« 5° Lorsque cette température est atteinte, faire pression en appuyant sur le couvercle du creuset;

« 6° Les diamants sont fabriqués; il suffit de les re-
tirer. »

Certes Lemoine avait raison quand il disait à M. Wernher qu'il suffirait de quelques notions de chimie pour
comprendre sa formule !

Condamné par défaut à dix ans de prison, Lemoine
commit l'imprudence de revenir à Paris. Bien qu'il eût
rasé sa belle barbe, il fut reconnu et arrêté. Il revint sur
opposition devant le Tribunal qui le condamna à six ans
de prison, 3.000 francs d'amende et 5 ans d'interdiction
de séjour. Il fit appel de ce jugement et la Cour confirma
la décision des premiers juges.

Lemoine a eu des précurseurs qui ont exploité les mêmes naïvetés. Les plus intelligents deviennent faibles
devant l'audace de certains imposteurs.

En 1749, un nommé André Dubuisson proposa au duc
d'Olonne, grand amateur et collectionneur de pierres,
de lui vendre un procédé pour fabriquer toutes les gem-
mes. La formule fut mise sous enveloppe scellée et déposée chez un notaire du Châtelet. Le duc versa cent mille
livres et Dubuisson lui remit une émeraude d'une valeur
de mille écus, soi-disant fabriquée par lui. Pendant que
le duc se préparait à soumettre la pierre à une savante
expertise, Dubuisson s'éclipsa; on ouvrit alors l'enveloppe et on constata qu'elle ne contenait qu'un libelle
injurieux à l'adresse de M. le duc d'Olonne. Versailles et
Paris s'amusèrent de l'histoire, le duc en perdit le som-
meil et le goût des pierres précieuses; il se débarrassa
de sa collection qu'il avait cru pouvoir augmenter si facilement.

Dubuisson disparut et on ne le revit plus.

On a rappelé, à propos de Lemoine, une histoire plus ancienne encore :

On a raconté l'aventure de ce Dubois, capucin défroqué et marié, qui, sous Louis XIII, capta la confiance de Richelieu en disant qu'il ferait de l'or. L'amusant, c'est l'analogie, presque l'identité de son histoire avec la nôtre.

Mercier, dans son *Tableau de Paris*, nous montre le carrosse de la Cour allant chercher le creuset, les instruments de l'alchimiste qui devait opérer en plein Louvre. Arrivé, Dubois dit au roi : « Que Votre Majesté ordonne à ses soldats de me donner douze balles, j'en ferai de l'or. » On lui donna les douze balles ; il les jeta dans le creuset ; il y répandit une poudre, probablement pareille à celle dont Lemoine saupoudrait ses Jagersfontein : il alluma le feu, chauffa pendant une heure... je crois que Lemoine n'en demandait pas davantage... Puis il dit : « C'est fini. » — « Que nul n'approche ! s'écria le roi : Je veux être le premier à regarder !... » Il se précipita et dans son impatience, il souffla sur les cendres, qui aveuglèrent la reine ; le roi lui-même avait jeté la poudre aux yeux de toute sa cour... Miracle ! Il y avait de l'or ! Il y en avait sans doute comme il y avait du diamant dans le creuset de Lemoine !

A ce moment, un fonctionnaire de la Monnaie que le roi fit venir observa : « Mais, Sire, il est à 22 carats, c'est le titre de la Monnaie !... » Si cet homme-là avait vécu à notre époque, il aurait joué le rôle de M. de Haan[1] dans le cabinet de M. Le Poittevin. Le plus curieux, c'est que le roi, moins fin que notre juge d'instruction, n'entendit pas la remarque ; il fit à Dubois des commandes considérables et lui avança des fonds. Acculé comme un simple Lemoine, Dubois fut embastillé. Ici, Messieurs, les analogies cessent : Dubois demanda sa liberté provisoire ; on la lui refusa, ce qui prouve que les temps ont marché. Mais il fallut concilier les nécessités de la répression avec le

---

1. M. de Haan, tailleur de diamants, reconnut dans les pierres présentées par Lemoine à la fin de ses expériences, les diamants Jagersfontein sortis de ses ateliers.

respect de la Majesté royale. On ne pouvait avouer que le roi avait été dupé; on chercha autre chose : on trouva que Dubois était moine, qu'il était défroqué et marié, et cette circonstance, qui peut-être aujourd'hui serait atténuante, le perdit : on le pendit. Ainsi fini l'aventure...

L'histoire est un recommencement. Il est bien naturel que ce qui dupa un grand ministre eût dupé tant de bourgeois, la moyenne intellectuelle des bourgeois n'étant pas sensiblement supérieure à celle des grands ministres, et le peuple collectif n'étant pas plus que les rois d'antan à l'abri des mystificateurs [1].

Le bon sens, le simple bon sens, disparaît devant le boniment d'un habile camelot. Parmi toutes les personnes que Lemoine a tenté de duper, il ne s'en est peut-être pas trouvé une pour lui répondre : « Puisque vous fabriquez du diamant, vous aurez vite fait de trouver des millions en vendant le produit de votre invention. »

----

1. Affaire Lemoine. Plaidoirie de M⁰ de Saint-Auban, pour la Chambre syndicale de la bijouterie, joaillerie, orfevrerie de Paris, partie civile. *Rev. des grands Procès*, 1909.

CHAPITRE XIV

L'AFFAIRE ROCHETTE

L'escroquerie financière.

Le financier qui mérita d'être appelé « l'escroc de la petite épargne » a eu cette singulière fortune d'émouvoir ses victimes, d'exciter leur admiration et d'occuper pendant plus de trois ans, la presse et les pouvoirs publics.

Arrêté, mis en prison, il n'a pas de meilleurs défenseurs que ceux qu'il a escroqués. L'opinion publique s'émeut, le Parlement s'agite. A la Chambre, on interpelle. Une commission est nommée pour « procéder à une enquête sur les circonstances qui ont préparé, précédé, accompagné ou suivi l'arrestation du financier Rochette ». Le ministre de l'Intérieur, le préfet de police, le procureur général, le juge d'instruction sont convoqués devant ce tribunal parlementaire. Rochette est remis en liberté. Mais tout a une fin, même les comédies les mieux montées et qui ont eu la plus large publicité.

Le romancier fameux, qui rendit célèbre, pendant l'affaire Dreyfus, les marches et contre-marches à travers le maquis de la procédure, était un novice à côté du banquier Henri Rochette. Arrêté le 23 mars 1908, mis en liberté provisoire le 8 mai, condamné par le Tribunal correctionnel le 27 juillet 1911, et par la Cour de Rouen le 26 juillet 1912, après un pourvoi en cassation, Rochette a usé de toutes les juridictions et il semble qu'il ait épuisé tous les moyens de gagner du temps. Il a joué sa comédie judiciaire en acteur consommé, qui n'ignore rien des ressources de son art, et se montre avec la même aisance, indigné, patelin, ironique, hautain. Et la foule séduite, applaudit et se retourne contre les auteurs des poursuites. Dans ce procès pour escroquerie, il s'en est manqué de peu que l'escroc fût pardonné et le préfet de police condamné.

Mais que les admirateurs et défenseurs de Rochette en prennent leur parti : condamné par le Tribunal correctionnel de la Seine à deux ans de prison, Rochette a vu sa peine portée à trois ans par la Cour de Rouen. Il est donc coupable, en fait et en droit, et il appartient à l'histoire judiciaire de l'escroquerie.

Pour l'exemple, la carrière de Rochette, sa course aux millions, ses cabrioles devant la justice méritent un chapitre, car Lemoine a trompé un haut seigneur de la finance, Thérèse Humbert s'est moquée de ses créanciers, mais Rochette a visé la clientèle ignorante et naïve et il a raflé l'épargne amassée sou à sou.

La chronique a raconté les débuts du personnage. Groom ou chasseur dans un café, il se sentit une vocation irrésistible pour les affaires et celles qui semblent les plus ardues : les affaires financières. Mais il paraît bien que, pour être banquier et remuer les millions, on peut se passer d'instruction, de technique et même

d'un long apprentissage, car Henri Rochette, en quelques
années, devient un financier important, un adversaire
redoutable des méthodes bancaires suivies par les grands
établissements de crédit. Il s'impose par les affirmations
publiées dans ses prospectus et ses journaux, et les
hommes les plus avertis, s'ils se méfient, constatent cependant que cet homme représente une force.

Or, Rochette représente l'escroc financier tel que la
vie moderne en produit, mais son activité prodigieuse,
son audace, son art de persuader et d'entraîner la foule,
l'ont mis au premier rang. Il emploiera et il répétera
toutes les manœuvres frauduleuses qui servent à lancer
les mauvaises affaires et on trouverait dans son dossier
de quoi illustrer toute la théorie de l'escroquerie dans
les sociétés par actions.

L'habileté de ses complices, la naïveté de ses victimes,
l'ont placé un moment sur un piédestal. On a cru qu'il
y avait dans ce petit homme sans instruction, de grands
projets et de vastes pensées. On l'a posé en rival des
grandes banques, on en a fait une victime des puissances
financières. Je ne sais si, à propos de son arrestation et
de son procès, on a prononcé le nom de Mirès, et si on
a rappelé l'affaire fameuse qui passionna les plus brillantes années du second Empire. Mais on se tromperait
en comparant Rochette à Mirès... Avant de commettre
une escroquerie, Mirès avait fondé et dirigé des affaires
qui eurent d'autres résultats que de faire passer dans ses
poches l'argent des souscripteurs. La lecture des documents judiciaires nous apprend que Rochette, de 1904
à 1908, a drainé la petite épargne en commettant des
escroqueries dans six affaires.

De l'émotion provoquée par son arrestation, du tumulte et des rassemblements devant le Crédit Minier et de tout le singulier mouvement où des compères entraînaient les naïves victimes, il ne reste qu'un souvenir imprécis et sans intérêt. L'histoire de Rochette est maintenant fixée dans des arrêts de justice et c'est là qu'il convient d'en chercher les étapes.

Le procédé employé par Rochette a consisté essentiellement à fonder un grand nombre de sociétés en fort peu de temps, afin de faire attribuer à des apporteurs fictifs de l'argent ou des actions qui lui étaient remis par ces prête-noms. Il prenait l'argent, s'en servait aussi pour payer la publicité effrénée qui lui permettait de placer les actions dans le public. Ainsi, il devait user de mensonge et de fraude dès la fondation de chaque société, afin d'exagérer la valeur des apports, puis pour se cacher derrière des hommes de paille, enfin pour placer les actions d'apport à un cours élevé.

Quelques exemples :

Rochette fonde la Société du *Crédit Minier Industriel*, le 11 novembre 1904, au capital de 550.000 francs, divisé en 1.100 actions de 500 francs, dont 800 représentaient à concurrence de 400.000 francs des actions de numéraire. Comment s'y prend-il? Le jugement du tribunal correctionnel (27 juillet 1910) nous le raconte :

Les 800 actions furent souscrites par sept personnes, parmi lesquelles figurent Gabriel Montazaud, Veyriéras et Lanqué, qui souscrivirent ensemble 400 actions, soit la moitié du capital numéraire. Le ministère public soutient que ces trois souscripteurs sont fictifs et qu'ils n'ont été que les prête-noms de

Marcel Montazaud, agent de change à Bordeaux. — Gabriel Montazaud est le frère, Veyriéras le beau-frère, et Lanqué l'ancien associé de Marcel Montazaud. Veyriéras, qui avait à lui seul souscrit 360 actions, n'a pu fournir aucune justification des ressources qui lui auraient permis de contracter cet engagement et de verser la somme de 45.000 francs nécessaire pour les libérer du quart; de ses explications embarrassées à l'audience, il convient de retenir qu'il a reconnu n'avoir été qu'un instrument entre les mains de son beau-frère, Marcel Montazaud.

Il résulte d'ailleurs, d'une lettre écrite par Rochette à Marcel Montazaud, agent de change, le 5 octobre 1904 (pièce n° 1, annexée au rapport des experts), que c'est bien Marcel Montazaud qui avait souscrit 400 actions de la société en formation, Société Générale du Crédit Minier et Industrielle. Rochette s'engageait par ladite lettre à lui transférer, en rémunération de son concours, dès le lendemain de la constitution de la société, sous forme de cession civile, cent actions d'apport à prendre sur celles qui lui seraient personnellement attribuées.

Veyriéras, Lanqué et Gabriel Montazaud étaient si bien les simples prête-noms de Marcel Montazaud au moment où ce dernier réglait ses comptes avec Rochette, qu'il s'était engagé par lettre du 16 février 1905 (pièce n° 4, annexée au rapport des experts) à obtenir d'eux, le jour où il plairait à Rochette, leur démission d'administrateurs de la Société Générale du Crédit Minier et Industriel, l'abandon des jetons de présence qui leur étaient dus et le transfert de leurs titres avec déclaration qu'ils en avaient reçu par avance le prix de cession.

Ce programme fut rempli conformément aux énonciations d'une note manuscrite de Rochette (scellé 15, cote 197), Gabriel Montazaud, Veyriéras et Lanqué ayant signé leur démission en blanc et signé, également sans date, le transfert des titres qu'ils avaient souscrits (pièces 5, 18, annexées au rapport des experts).

Suivant la déclaration faite à Mᵉ Boullaire, notaire à Paris, les 800 actions de numéraire furent libérées d'un peu plus du quart, soit d'une somme de 137.500 francs, sur lesquels 60.000 francs furent indiqués comme déposés entre les mains de l'agent de change Marcel Montazaud, 31 octobre 1904 (scellé 15, cote 1906).

Une lettre de Rochette à Montazaud se réfère bien à un dépôt de 50.000 francs; mais d'une lettre écrite par le prévenu audit Montazaud, le 10 novembre 1904 (pièce n° 2, annexée au rapport des experts), il ressort que c'est finalement une somme de 50.000 francs, correspondant exactement au montant du quart des 400 actions souscrites par Veyriéras, Lanqué et Gabriel Montazaud, qui aurait été laissée en dépôt dans les caisses de l'agent de change de Bordeaux jusqu'au 10 février 1905.

L'examen de la comptabilité de cet agent de change, aujourd'hui en fuite et condamné par contumace pour banqueroute frauduleuse par la Cour d'assises de la Gironde, n'a révélé aucune trace d'un dépôt de 50.000 ou de 60.000 francs effectué par Rochette. Celui-ci ne produit pas davantage un reçu de dépôt quelconque émanant de Marcel Montazaud. De l'ensemble des documents mis au débat, il apparaît donc comme certain que les écritures passées sur les registres de la Société Générale du Crédit Minier et Industriel, ainsi que les lettres émanées de Rochette, n'ont eu pour but que de simuler par un dépôt le versement du quart auquel Veyriéras, Gabriel Montazaud et Lanqué, souscripteurs simplement apparents de 400 actions, étaient tenus pour le compte de Marcel Montazaud.

Or, la fondation du Crédit Minier marque les débuts de Rochette. Le Crédit Minier augmente son capital. L'ingénieur chargé du rapport, déclare que la mine vaut un million. L'apporteur Capdeville reçoit 2.000 actions d'apport de 500 francs et 100 parts qu'il remet à Rochette. A l'instruction les experts évaluent la mine 100.000 francs !

Société des Mines de Laviana. — Rochette en est administrateur, comme il est administrateur du Crédit Minier, et le Crédit Minier souscrit 10.000 actions de 100 francs.

Mais au moment de libérer le premier quart, le Crédit Minier étant au capital de 550.000 francs, et n'ayant reçu que 77.500 francs, emprunte les 250.000 francs à son président du conseil d'administration, M. de la Frémoise. Mais les capitaux empruntés le 14, exhibés en nature le 26, sont remboursés au prêteur le 27.

Puis l'apporteur Borie a déjà cédé ses droits à un syndicat composé de Rochette, Hay et de Crévecœur. Il n'a conservé qu'un intérêt dans l'affaire. Mais il est présenté comme seul apporteur et Rochette, apporteur réel et actionnaire, vote comme actionnaire sur l'approbation de ses propres apports!

Société du Val d'Aran. — Même tour de passe-passe que dans la constitution de la Laviana. Les fonds exhibés en nature proviennent du compte Rochette au Comptoir d'Escompte. Ils sont versés au même compte trois jours après la fondation de la société.

Société de la Nerva. — Ayant pour but l'exploitation des mines Ratera et Chaperita. Un apporteur fictif a rétrocédé à Rochette ses 10.000 actions d'apport (actions de 500 francs, soit 5 millions), contre une commission de 1.800.000 pesetas.

Un autre apporteur lui a rétrocédé 900.000 pesetas. Il s'agit, il est vrai, du marquis de Portaga et du baron de Patrès. Avec des grands d'Espagne, il faut voir grand! Un de ces drôles écrit :

« Ce qu'il y aurait de pire, c'est que nous soyions obligés de présenter au Tribunal des copies des différentes écritures comptables, car elles mettraient en relief la différence énorme qui existe entre les sommes signalées pour les apports et la quantité relativement faible qui a été payée pour eux. Il faut éviter que ces pièces n'aillent au procès et n'arrivent, par suite, à la connaissance du public. »

La Cour de Rouen n'a pas manqué de placer cet important billet dans son arrêt.

Société du Manchon Hella. — Rochette se fait allouer une commission de 1.400.000 francs, mais à l'assemblée il ne fut parlé que de 300.000 francs. La différence est versée par un apporteur fictif. La fraude fut organisée par Lecacheux, administrateur de la Société des Manchons Hella, avec le concours de Rochette, et comme les souscripteurs primitifs sont fictifs et à la dévotion de Lecacheux, l'évaluation des apports majorés fut facilement approuvée par l'assemblée des actionnaires et inscrite dans les statuts.

« Il y a dans ce fait, tant au regard des actionnaires qui sont restés étrangers qu'envers le public, une manœuvre frauduleuse caractérisée au sens de l'article 405 du Code pénal » (arrêt de Rouen).

Société du Buisson Hella et du Gaz Méthane. — Les deux prétentions de Rochette dépassent toute mesure.

La société est fondée sous la forme anglaise le 17 janvier 1908, au capital de 15.000.000 de francs.

On lui apporte 2 brevets.

Rochette les fait apporter par une agence de Londres, la « Mining Corporation ».

L'un de ces brevets n'a rien coûté ; l'autre a coûté 30.000 francs.

La Mining les apporte à la Société du Buisson Hella pour 12 millions, dont elle reçoit 4.500.000 francs en espèces et 7.500.000 francs au moyen de 600.000 actions d'apport, dont la négociation *immédiate* est autorisée par la loi anglaise. Puis la Mining cède ces actions au Crédit Minier pour 19.000.000 francs payables en espèces ou en titres des sociétés créées par le Crédit Minier ; au total, c'est 23.500.000 francs que la Mining corporation a reçu pour les deux brevets.

Le Crédit Minier place au public 523.000 actions (sur 600.000), grâce à une publicité effrénée. Les 4.500.000 francs en espèces ont été touchés par Rochette, comme mandataire de la Mining Corporation, mais versés à son compte dans différentes banques.

Ainsi Rochette prélève de l'argent et des titres, secrètement, frauduleusement. Et, pour passer au public ces actions, il usera de toutes les manœuvres, et il les passera à un cours majoré. Il est impossible de faire apparaître des bénéfices dans les comptes de sociétés industrielles ou minières dont l'exploitation n'a pas commencé. Rochette n'est pas embarrassé. Il imagine des opérations de circonstances entre les sociétés sur lesquelles il a la haute main.

Un expédient typique dans ce genre fut de faire vendre par le Crédit Minier 2.000 actions de ces sociétés au Syndicat Minier, lors de sa fondation ; puis de les faire revendre par le Syndicat Minier à la Banque franco-espagnole. Première opération : 350.000 francs de bénéfice

pour le Crédit Minier. Deuxième opération : 100.000 fr.
de profit pour le Syndicat Minier, vendeur et 100.000 fr.
pour le Crédit Minier intermédiaire de la vente. Bénéfice absolument factice dans l'un et l'autre cas, puisqu'il
résultait de contrats de circonstance inspirés par la seule
volonté de Rochette.

Au reste, à quoi bon imaginer des bénéfices en appliquant à ses différentes sociétés ce qu'un magistrat a
appelé le système « des vases communiquants »? Il suffit
d'affirmer, de mentir, de mentir encore et de multiplier
ses mensonges par la publicité la plus audacieuse. En
imprimant chaque jour, dans dix journaux et à des milliers d'exemplaires, que les titres de ces valeurs sont
excellents, qu'ils sont demandés sur le marché et cotés,
en faisant figurer cette cote à côté de celle des valeurs
connues, en ne cédant ces actions dont il est seul dé-
tenteur qu'à un cours très élevé, Rochette gagne et con-
serve la confiance du public.

Ses organes principaux de publicité consistèrent en
deux journaux lui appartenant, recevant de lui leur direction, auxquels se joignaient quantité de bulletins et
circulaires, rédigés par des spécialistes apparemment
en dehors de lui, en réalité à sa solde.

Puis, afin d'atteindre les vieillards, les impotents, les
petits capitalistes ne lisant pas les journaux financiers,
Rochette mettait en mouvement une véritable armée de
démarcheurs.

Dans le même but, il s'assurait le concours de repré-
sentations de cinématographe et surtout de publications
familiales, sans caractère financier, dans lesquelles le

conseil utile figure d'une manière d'autant plus dangereuse que l'origine en est mieux dissimulée.

Cette publicité, sans cesse croissante, a atteint des proportions prodigieuses, sans aucun rapport avec l'importance d'établissements tels que le Crédit Minier ou ses filiales.

Les articles de la *Finance pratique* renouvelaient chaque semaine les sollicitations les plus pressantes. A côté de renseignements d'ordre technique, toujours favorables, ils formulaient des promesses fallacieuses, insistant sur les résultats déjà acquis, pronostiquant l'avenir; établissant des comparaisons avec des entreprises similaires arrivées au plus haut degré de prospérité : la Laviana rapprochée des grands Charbonnages du Nord; le Val d'Aran comparé à la Vieille Montagne, la Nerva au Rio-Tinto.

Pour la Laviana dont l'exploitation ne donnait que des mécomptes, on annonçait que tout était prêt en vue d'une production intensive et l'on faisait entrevoir pour l'action le cours de 1.000 francs.

Pour le Val d'Aran, dont les bénéfices étaient insignifiants, on indiquait que d'après les résultats acquis, le cours de 300 francs devait être atteint.

Pour le Syndicat Minier, dont certains gisements étaient assimilés à ceux de la Compagnie Asturienne des Mines, on prévoyait le cours de 400 francs.

Pour la Société des Usines du Liat (dont l'existence fût si précaire qu'elle devait fusionner avec le Syndicat Minier moins d'un an après sa constitution), on garantissait un bénéfice annuel minimum de 250.000 francs, soit 15 1/2 % du capital social.

Pour la Nerva, on pronostiquait des bénéfices devant dépasser 5 millions par an.

Pour le Manchon et le Buisson Hella, les publications de Rochette affirmaient que les usines fabriquaient couramment le manchon et le buisson, alors qu'on en était encore aux essais.

La période des bénéfices était ouverte et il fallait s'attendre, en raison d'un monopole rappelant celui de la Société Auer, à voir les actions au cours de 1.000 francs. Pour les actions du Buisson Hella, on allait jusqu'à envisager le remboursement des actions de capital et leur remplacement par des actions de jouissance, dont la valeur atteindrait 40 fois le taux nominal de l'ancienne action !

Enfin Rochette n'ignore pas que pour attirer plus sûrement les acheteurs, rien ne vaut la preuve que le titre est demandé en Bourse et coté au-dessus du pair. Rochette a usé de la cote fictive avec une remarquable dextérité. Ainsi, les actions du Crédit Minier n'ont jamais fait l'objet d'un marché en Bourse. Un cours en apparence régulier leur a été attribué cependant dans la cote hebdomadaire que publiait la *Finance Pratique*, sous le titre général de « Marché de Paris », avec tableau des cours du marché en banque. Le cours de 550 francs (actions de 500 fr.) fut inscrit pour la première fois dans cette cote le 2 juin 1905; par étapes successives, il atteignit 815 francs, le 20 mars 1908. La valeur ainsi cotée par Rochette était inscrite au milieu d'autres qui font l'objet à la Bourse d'un marché régulier et quotidien. Et afin que la supercherie fût complète, Rochette eut soin, dans le numéro du 28 février 1908 de la *Finance Pratique*, de mettre ses lecteurs en garde contre les offres qui pourraient leur être faites d'actions du Crédit Minier à un cours inférieur à celui qu'il enregistrait dans sa cote et de leur signaler que des titres ainsi offerts ne pouvaient avoir qu'une origine frauduleuse!

Il suffit de connaître le coût de sa publicité pour se rendre compte qu'elle fut énorme. Les frais de publicité du Crédit Minier se sont élevés pour l'exercice 1907 à 1.374.728 francs et à 590.037 francs pour une période de deux mois et demi qui va du 1er janvier au 21 mars 1908!

Telle fut, en quelques mois, l'œuvre de ce prestidigitateur financier, l'homme de notre époque qui dans le temps le plus court a commis le plus d'infractions à la loi de 1867 et à l'article 405 du Code pénal. Car, les mensonges punis par la législation des sociétés anonymes (art. 15) s'accumulent dans sa courte carrière et ils se cachent et se dissimulent par des manœuvres qui leur donnent la couleur de l'escroquerie et que les magistrats ont reconnues au passage. Il faut reproduire ici le texte de l'arrêt de Rouen :

« Publier des faits qu'il savait faux touchant la situation actuelle ou l'avenir de ces entreprises, renforcer ces manœuvres par l'intervention de tiers, les uns démarcheurs, les autres publicistes, qui par leur concours, donnaient à ses affirmations un plus grand crédit; fausser d'une façon illicite le marché des titres; distribuer des dividendes fictifs et établir de faux bilans, pour assurer la hausse de ces valeurs et inciter le public à les acheter », telles furent les manœuvres employées, « et par ces moyens, combinés et mis en œuvre avec habileté, Rochette a constitué une véritable mise en scène ayant pour but de faire croire que la fortune était attachée à ces sociétés, et comme résultat la remise des sommes considérables par des souscriptions ou des achats de titres par le public ».

Le Tribunal correctionnel avait prononcé une peine de deux ans de prison. La Cour a élevé la peine, et dans ce procès qui fit tant de bruit et où l'accusé se montra si retors, je m'en voudrais de ne pas donner simplement l'opinion des juges d'appel et sans commentaire :

« Les sommes ainsi obtenues n'ont pas seulement profité aux combinaisons financières des prévenus. Ils en ont tiré un bénéfice personnel certain. Rochette ayant débuté avec des ressources minimes comme directeur du Crédit Minier, à la fin de 1904, a pu, depuis cette époque, non seulement vivre dàns une très large aisance, mais acquérir en trois ans une fortune assurément supérieure à un million.

« Les premiers juges, après avoir mis en relief la gravité des faits, leur répétition et leur répercussion. profonde dans le monde de la petite épargne, ont estimé qu'il convenait de tenir compte à Rochette d'une vie régulière, ainsi que de ses efforts pour atténuer les conséquences de ses agissements financiers.

« M. l'avocat général s'est élevé avec raison contre la part trop grande accordée à ces motifs d'indulgence dans la détermination de la peine.

« Sans les perdre de vue, il importe surtout de considérer que des personnalités telles que celle de Rochette sont particulièrement dangereuses par les combinaisons que leur suggère une habileté audacieuse, par la confiance aveugle qu'elles sont capables d'inspirer et par les ruines qu'elles entraînent. »

APPENDICE

Extraits du discours
prononcé par M. Jules DELAHAYE

député de Maine-et-Loire.

Séance de la chambre des députés du mardi 12 mars 1912
(J. O. 13 mars).

Discussion des conclusions de la Commission
d'enquête sur l'affaire Rochette.

M. le Président. L'ordre du jour appelle la discussion des conclusions du rapport fait au nom de la commission chargée de procéder à une enquête sur les circonstances qui ont préparé, précédé, accompagné ou suivi l'arrestation du financier Rochette.

La parole est à M. Delahaye.

M. Jules Delahaye. Messieurs, les choses que j'ai à vous dire ne sont pas également agréables à entendre ; et, pourtant, je voudrais vous complaire assez pour vous faire revenir sur le vote qui a mis à l'ordre du jour la discussion du rapport de votre commission d'enquête...

C'est, d'abord, au nom de l'épargne, Messieurs, comme j'ai eu l'honneur de vous le dire, le 15 février, au nom de l'épargne

rançonnée plus audacieusement, plus abondamment par le
financier Rochette, après qu'avant sa condamnation, que je
vous prie de vouloir bien vous rendre compte du mal qu'il fait
et peut faire encore, grâce à l'importance extraordinaire que
vous accordez à ses plaintes, grâce aux commissions, rapports,
polémiques, harangues ou votes provoqués par son apparente
toute-puissance.

Pour préciser les effets désastreux de cette publicité sans pareille et sans exemple, qui permet à un condamné pour escroquerie de faire d'une Assemblée nationale son instrument
principal de propagande financière; pour chiffrer autant que
possible le produit dolosif de la légende créée surtout par votre
condescendance abusive et tumultueuse, légende d'après laquelle ce ne sont pas les manœuvres condamnables, malhonnêtes de Rochette, mais la jalousie de la haute banque servie
par des ministres et des fonctionnaires sans scrupules, qui ont
fait sombrer des entreprises aujourd'hui ruinées; pour appuyer
mes appréciations très différentes des appréciations de votre
commission d'enquête, j'ai fait dresser un tableau comparatif
des émissions antérieures et des émissions postérieures à l'arrestation du héros de la Banque franco-espagnole et du Crédit
Minier.

Vous y pourrez constater l'efficacité déplorable du concours
que vous lui avez prêté sans le vouloir. Vous y verrez comme il
sait tourner à son profit, et non à celui de ses souscripteurs ou
défenseurs, les scandales qui nuiraient le plus à d'autres.

Lorsqu'il disposait de l'organisation intacte, toute-puissante,
de ses journaux financiers et politiques, de ses banques et succursales; lorsque de nombreux et brillants conférenciers, suivis
d'une armée de démarcheurs, répandaient la renommée de son
génie, il avait fait certes bien des dupes, il avait tendu bien des
embûches à l'épargne. En sept ou huit ans, ce fut la Laviana,
l'Orizedo, le Verre-Soleil, la Hongroise des cuivres, la Belica,
le Syndicat Minier, le Crédit Minier, la Nerva, la Banque franco-
espagnole, les Manchons et Buissons Hella, l'Oviedo mercury.
Quoi qu'il en dise, le « grand éducateur de l'épargne nationale »
était du dernier « cri » dans la nouvelle école. Il opérait hors

de France contre les Français. Comme il était exceptionnellement actif, intelligent, fertile en ressources, beau parleur, comédien et metteur en scène consommé, il avait noué de nombreuses et hautes relations. Aussi toutes ses affaires, paraît-il, n'étaient-elles pas également mauvaises. Mais les unes et les autres ne lui servaient guère que d'éléments de spéculation, que de matière à coups de Bourse, soit à la hausse, soit à la baisse. Aussi étaient-elles vite au même point, c'est-à-dire hors des poches de ses souscripteurs. Le voilà tout à coup appréhendé, par l'ordre de M. Clemenceau et de M. Lépine, puis remis en liberté. Il n'a plus autour de lui que des épaves et des débris. La plus vulgaire prudence lui interdit de paraître en nom dans aucune affaire. Il ne peut que s'y intéresser discrètement, que les diriger ou, comme il me l'a écrit dans une lettre récente, que les « conseiller » derrière des prête-noms de qualité, qu'en lancer et écouler les titres. Il est entouré d'obstacles, de barrières, de pièges, de difficultés de toute sorte.

Mais il a découvert de nouveaux leviers, de nouvelles dragues, de nouveaux perforateurs, qui valent tous ses appareils, toute sa machinerie d'autrefois. Les scènes pathétiques de la rue, les acclamations d'un peuple détroussé et reconnaissant, les élégies et les dithyrambes d'une presse fidèle ont gagné le cœur sensible de la Chambre. Ce cœur-là devient, entre ses mains expertes, une mine plus riche, plus féconde que tout les autres, une mine aussitôt mise de toute manière en sociétés anonymes à capital merveilleusement variable, variable jusqu'à zéro.

Vous allez juger, Messieurs, du prix inestimable de la popularité, bien exploitée, qui peut venir de vous, surtout lorsqu'il vous arrive de malmener et de rosser avec quelque vigueur la magistrature, la police et le Gouvernement; vous allez en juger par le *regain de la fortune et des succès de Rochette, sortis, ceux-là, de ses seuls malheurs,* de votre seule compassion.

En deux années environ, il a relevé presque toutes ses anciennes affaires, plutôt mal que bien, mais, selon sa méthode, avec des apparences suffisantes pour conserver au moins un aliment d'agiotage, une source de jeu. Mais cela ne suffit pas à sa fièvre d'action. Sous tous les cieux, sur tous les continents, il en conçoit, il en crée de nouvelles. La Banque franco-espagnole, d'un nom encore trop français, est devenu le Banco tout court. En renouvelant son conseil d'administration, il y a introduit deux anciens ministres français, deux hauts dignitaires de l'aristocratie illustrée par le Cid Campéador. Il a doublé cette maison mère, qui n'a pas encore fait ostensiblement le trottoir, d'une nouvelle banque, The International Investment Issue and Company, anglaise, celle-là, qui n'a pas de réputation à perdre. Il a lié partie avec le Crédit central parisien et quelques autres établissements secondaires, pleins d'estime pour ses talents sans peur, sinon sans reproches.

Ses assises assurées, il annonce la réorganisation de la Laviana, du Verre-Soleil, de la Hongroise des cuivres, de la Betica, du Syndicat Minier. Si l'Orizedo, la Nerva, l'Oviedo mercury, les Manchons et les Buissons Hella ne renaissent pas aussi de leurs cendres, c'est que, décidément, ils sentent trop le brûlé.

En revanche, il éblouit ses admirateurs avec le Gaz Méthane, qui succède aux Buissons Hella. Pendant que ceux-ci se frottent encore les yeux, Rochette cultive à la Bourse les caoutchoutiers, les cacaotiers, et les cocotiers de la Castara Estates. Les cours de cette valeur s'étant effondrés au bout de trois ou quatre mois, il cesse de « tenir le marché », comme on dit à la Bourse, et se tourne vers une illustre famille du nouveau monde.

Après avoir vu sa fortune confisquée par le président Porfiro Diaz, le révolutionnaire Madero cherchait à la mettre désormais à l'abri. Il se tourna vers l'Europe et eut le bonheur d'ouïr parler du célèbre financier Rochette. L'abri sûr, le placement de tout repos, l'ingénieux Rochette le trouva sur l'heure. C'était la Banque franco-espagnole, c'était le Banco, comme on dit au Mexique et à Madrid. Aussitôt dit, aussitôt fait. L'homme de foi et de décision, qui dirige les destinées de la république mexicaine, confie la liquidation des biens de sa famille au financier Rochette, et Rochette annonce incontinent leur conversion en papier : domaines ruraux, forêts, mines, chemin de fer mexicain du centre, Mexicano del centro, qui traverse et dessert le patrimoine. Le Banco ne lésine pas, d'ailleurs, les garanties aux frères Madero. Il donne, en effet, aux frères Madero pour gages et hypothèques, jusqu'à deux places dans son conseil d'administration entre les deux nobles hidalgos et les deux anciens ministres français. (*Rires sur divers bancs.*)

Le caoutchouc n'en attirait pas moins Rochette. Menant tout de front, il en découvre une nouvelle espèce, bien supérieure à toutes les autres. C'est une sorte de liane, dénommée jelutong, richesse future de Bornéo et de Sumatra. Un débouché inépuisable comme le jelutong lui-même, voilà seulement ce qu'il fallait trouver. Il créc donc une société russe. Pourquoi une société russe? Rien de plus facile à concevoir; mais il fallait le trouver. Parce que, en Russie, la neige est inépuisable en hiver, comme le jelutong en été, à Bornéo et à Sumatra, parce qu'on y use beaucoup plus de chaussures imperméables que dans notre beau pays de France, où, en revanche, le bas de laine est on ne peut plus perméable.

Hélas! ce n'était encore qu'un rêve.

L'Asia caoutchouc, après avoir bondi, en un mois, de 100 à 250 fr., tombe à rien du tout et fond sous les chaussures des moujicks comme la neige au soleil de France.

Sur l'Asia caoutchouc, surgeonne l'Asia trust, qui, non moins élastique, monte, descend et meurt. L'inépuisable caoutchouc étant épuisé, le financier Rochette s'adonne au cinématographe, symbole de son imagination toujours en mouvement.

L'action de la Safety bioscop, société anglaise, était pour rien, 5 shillings, 6 fr. 25! Pure philanthropie en faveur des petites bourses! Rochette a ses heures d'humanitarisme. La Safety bioscop monte, monte, puis baisse, baisse. Les petites bourses n'ont jamais été plus plates. Mais ça ne les corrige pas. L'adversaire de la haute banque cosmopolite passe du cinématographe au pétrole et aux huiles lourdes avec le Naphte Lianosoff, encore une société russe déjà existante, il est vrai, mais qu'il lance sur le marché de Paris, où les petites bourses le suivent encore avec tant de confiance, que Rochette gagne déjà 100 fr. sur les cours pratiqués en ce moment, s'il faut en croire les journaux financiers...

En sept ou huit années, le chiffre total des émissions de Rochette, avant sa condamnation, lorsqu'il était en possession de tous ses moyens d'action, très puissants il est vrai, mais privés et coûteux, a été approximativement de 72 millions. Et maintenant, quel a été après son arrestation le chiffre des émissions « conseillées » par Rochette, comme il dit lui-même, mais, en réalité, promues, dirigées, exploitées par lui, à la Bourse de Paris? Quel a été le chiffre de ses exactions, après sa condamnation, alors qu'il ne disposait plus guère que de la publicité qui accompagne et suit tous les actes des pouvoirs publics et judiciaires — discours à la Chambre, commissions d'enquêtes, remises d'audience, plaidoiries, nullité des procédures — mais dont il paraissait disposer à discrétion, et à l'heure de son choix, de sa préférence? En supposant ces émissions entièrement couvertes, selon les intentions de leur initiateur, en deux à trois années seulement, il s'élève, plutôt en plus qu'en moins, à 68 millions. L'épargne a donc beaucoup plus souffert, relativement, après qu'avant sa condamnation, du bruit fait et entretenu longuement, savamment autour du financier Rochette, dont vous êtes conviés à plaindre et à flétrir les épreuves, sans pitié et sans retard...

Et n'allez pas vous imaginer, Messieurs, que ces faits et ces chiffres, qui n'ont pas pesé une once dans les travaux de la commission d'enquête, soient le secret de Rochette et de quelques revues spéciales, difficiles à consulter. Inutile de feuilleter et de fouiller les centaines de correspondances et de bulletins financiers que j'ai lus pour vous. Ils sont devenus la fable de la rue, et la rue s'étonne que le Gouvernement et la justice y demeurent indifférents. C'est un charivari qui commence, écrivait, ces jours derniers, le journal amusant et populaire de ce nom, en les publiant plus détaillés, plus circonstanciés que je ne l'ai fait.

Si vous n'y prenez garde, Messieurs, vous avez les plus grandes chances, je vous en préviens, d'inspirer bientôt les revues du boulevard et les cafés-concerts...

Je vois déjà, au fond de la scène, les députés portant en triomphe sur leurs épaules le financier Rochette et Rochette portant au bout d'une pique les deux têtes de M. Clemenceau et de M. Lépine. Puis, sur le devant des équipes de démarcheurs agitant des papiers à vignettes et criant au peuple émerveillé : « Achetez du « Mexicano del Centro! » Achetez du « Safety bioscop! » Achetez du « Banco ! » Achetez du Rochette et mangez du caoutchouc! (*On rit.*)

Ce n'est pas tout, Messieurs. L'ambition vient en s'entourant de la haute aristocratie d'Espagne ou mexicaine et de parlementaires français. Les subventions d'État ne suffisent plus au financier Rochette. L'emprunt de la haute banque, l'emprunt d'Etat manquait à sa collection de valeurs. Il y avait plusieurs mois ou plusieurs semaines que le Nouveau-Monde n'en avait émis sur le marché de Paris. Le grand éducateur de l'épargne nationale « conseilla », comme il dit, l'emprunt du Paraguay à ses éminents hommes de paille. En quels termes et de quelle façon, vous ne l'ignorez plus. Pour un client de la commission d'enquête et de la police correctionnelle, cela vous parut dépasser la mesure...

Messieurs, la triste et grotesque énumération des récidives du financier Rochette vous a fait rire. Elle a fait, elle fera pleurer bien des familles. Vous n'êtes pas sans vous le dire. Aussi je ne crois plus courir le risque de vous offenser, de vous étonner, en ajoutant que c'est aussi au nom du bon sens et, j'ose le dire, du sens moral que j'insiste pour la remise d'un nouveau débat entre nous sur l'injustice et les dommages subis par le condamné Rochette.

C'est au nom du sens moral de plus en plus affaibli dans l'esprit public et, particulièrement, dans le monde des affaires; c'est au nom du sens moral, dont le relèvement par tous les moyens en votre pouvoir, est aussi un de vos devoirs, un de vos intérêts supérieurs, que je vous prie de ne vouloir bien ne vous intéresser à un condamné pour escroquerie, même par un sentiment passionné de respect pour l'article 10 du Code d'instruction criminelle, qu'après qu'il sera sorti des mains de la justice, soit couvert par la prescription, soit enfin obligé de faire des émissions à Londres ou de faire sa peine près de la Bourse de Paris. (*Très bien! très bien à droite.*)

TABLE DES MATIÈRES

Pages

AVANT-PROPOS.. V

PREMIÈRE PARTIE

L'ESCROQUERIE

CHAPITRE PREMIER

Définition de l'escroquerie. — Ses éléments.

Escroquerie par l'emploi d'un faux nom ou d'une fausse qualité.   4
Escroquerie au moyen de manœuvres frauduleuses.............   5
La tentative d'escroquerie.. 12
Un préjudice n'est pas nécessaire.................................. 13

CHAPITRE II

Les variétés de l'escroquerie.

Escroquerie dans les ventes.. 16
Escroquerie dans les paiements..................................... 26
Escroquerie pour obtenir décharge................................. 28
Escroquerie à l'achat.. 29
Escroquerie à la promesse d'emploi................................ 32
Escroquerie pour obtenir des courtages ou des commissions.... 33
Escroquerie à l'emprunt et au prêt................................. 34
Escroquerie au moyen d'effets de commerce...................... 36
Indélicatesse d'employé dans les transactions, adjudications, marchés.. 38
Demande d'indemnité pour perte ou détérioration de colis..... 40
Escroquerie dans les assurances.................................... 41
La tricherie au jeu.. 43
Diseurs de bonne aventure et guérisseurs........................ 44
Escroquerie au mandat fictif... 50
Le « plantage de tableaux »... 50

Pages.

Fraudes imaginées pour tourner les prohibitions du régime dotal,   55
Autres variétés.. 57

CHAPITRE III

L'escroquerie dans les opérations financières.

I. Manœuvres frauduleuses dans la fondation des sociétés.
   A. Escroquerie au moyen d'une société imaginaire........ ...   63
   B. Escroquerie au moyen d'une société irrégulièrement consti-
      tuée.   64
   C. Majoration des apports.............................   65
II. Manœuvres frauduleuses pour placer les titres.
   Bénéfices fictifs. — Bilans frauduleux.....................   68
   Opérations par la société sur ses actions............. ...   71
   Cote fictive..   73
   Articles de journaux. — Prospectus.......................   78
   Banquiers et démarcheurs.................................   84
   Sociétes d'épargne, de capitalisation. Sociétés mutuelles....   88
III. Escroquerie dans les opérations de Bourse.
   Contre-partie frauduleuse.................................   92

CHAPITRE IV

Action en justice. — Procédure. — Prescription.

Moyens pour atteindre l'auteur de l'escroquerie..............   95
Union des victimes pour une action commune..................   96
Competence.......   98
Preuve.......   98
Pénalites.....   99
Prescription de l'action.......   99
   Point de départ........... .. , , ...   99
   Actes interruptifs..   100
   Effets de la prescription   101

DEUXIÈME PARTIE

LA DEMI-ESCROQUERIE

CHAPITRE V

Définition du dol (demi-escroquerie). — Ses carac-

tères..:..........   107

CHAPITRE VI

I. Le dol dans les conventions. — Ses effets..........   112
II. Dol commis par un tiers. — Effets et sanctions.   116

CHAPITRE VII

Exemples de demi-escroqueries.

Pages.
Acte authentique... 119
Accidents du travail........................... 121
Fraudes pour attirer des capitaux dans une affaire.......... .. 121
Vente mobilière.... 123
Contrat d'édition.......................   124
Vente d'un immeuble.................................. ... 125
Effets de commerce.................................... .. 125
Assurances.. ,.....   126
Contre-partie dissimulée................................... 127
Divers............................   127

CHAPITRE VIII

Affaires financières.

Délits prescrits. Eléments de dol........................... 129

CHAPITRE IX

Actionnaires et obligataires victimes d'un dol.

1er CAS. TROMPERIE SANS LAQUELLE L'ACTIONNAIRE OU L'OBLIGA-
TAIRE N'AURAIT PAS SOUSCRIT NI ACHETÉ...................... 135
A. Le souscripteur a traité directement avec la sociéte ou ses
    fondateurs... 135
    Tromperie au sujet des apports et de l'actif de la societe.. 135
    Simulation de souscriptions ou de versements. — Publica-
      tion de faits faux................................... . 137
    Distributions de dividendes fictifs......................... 138
    Limites de la responsabilité du demi-escroc.............. 140

CHAPITRE X

Actionnaires et obligataires victimes d'un dol (*suite*).

B. Le dol a été commis par un intermédiaire............... 142
    Banquier émetteur de mauvaise foi...................... 142
    Responsabilité en cas de faute............................ 146
    Démarcheurs... 148
    Effets du dol commis par l'intermédiaire................. 150

Pages.

Remarque.. .... Remarque..... 155

Tromperie par la voie de la presse (articles, chroniques financières, etc)..................... 158

2e CAS. TROMPERIE AU PRÉJUDICE DE L'ACTIONNAIRE PENDANT QU'IL
EST ASSOCIÉ..................... 161

Action individuelle et action sociale..................... 164

Effet de l'approbation ou du *quitus* donne aux auteurs de
la tromperie..................... 168

CHAPITRE XI

Action en justice. — Procédure.

Preuve..................... 171

Chose jugee..................... 171

Tribunal compétent..................... 173

Pluralité de défendeurs..................... 174

Pluralité de demandeurs..................... 174

Prescription..................... 174

TROISIÈME PARTIE

TROIS ESCROQUERIES CÉLÈBRES

CHAPITRE XII

L'affaire Humbert.

L'escroquerie à la succession..................... 177

CHAPITRE XIII

L'affaire Lemoine.

L'escroquerie à l'invention..................... 193

CHAPITRE XIV

L'affaire Rochette.

L'escroquerie financière..................... 206

Appendice au chapitre XIV..................... 220

TYPOGRAPHIE FIRMIN-DIDOT ET Cie. — MESNIL (EURE).